생활 속의 반야심경

김현준 지음

효림

생활 속의 반야심경

초　판　1쇄 펴낸날　2006년　2월　22일(11쇄 발간)
개정판　1쇄 펴낸날　2021년　8월　20일
　　　　3쇄 펴낸날　2025년　3월　14일

지은이　김현준
펴낸이　김연지
펴낸곳　효림출판사
등록일　1992년 1월 13일 (제2-1305호)
주　소　서울시 서초구 반포대로14길 30, 907호 (서초동, 센츄리 I)
전　화　02-582-6612, 587-6612
팩　스　02-586-9078
이메일　hyorim@nate.com

값 9,000원

ⓒ효림출판사 2021
ISBN　979-11-87508-64-9(03220)

序

불자라면 누구나가 다 암송하는 반야심경.

조석예불 때, 그리고 법회 때마다 외우는 반야심경.

불자들에게 있어 이 반야심경보다 더 자주 접하는 경전은 없습니다.

그런데 입으로 줄줄줄 외우는 사람은 많아도 뜻을 이해하며 독송하는 이는 많지가 않습니다. 그리고 대부분, 반야심경의 뜻이 너무 어렵다고 합니다. 한글로 독송해도 어렵다고 합니다.

저는 20대에 반야심경을 쉽게 풀이해 보겠다는 원력을 세웠습니다. 하지만 시절인연이 도래하지 않았음인지 글이 잘 써지지 않았는데, 나이 오십이 되어서야 월간 「법공양」에 우리의 생활 및 수행과 연계한 글을 1년 동안 연재를 할 수 있었고, 이를 『생활 속의 반야심경』이라는 제목으로 책을 내어 많은 찬사까지 받았습니다.

하지만 10여 년이 지나 그 글을 다시 읽어 보다가, 글이 너무 상세하고 주장이 강하다는 생각을 떨쳐 버릴 수가 없었습니다. 그래서 다시 필을 들었습니다. 모두가 보다 쉽게 반야심경을 이해하고 깨닫는 글을 쓰기 위해….

반야심경의 경문을 따라 참으로 잘사는 방법을 알기 쉽게 풀이하고, 불자님들의 신행 생활에 보탬이 될 수 있기를 간절히 발원하면서 새로운 풀이를 시작하여, 월간 「법공양」에다 2020년과 2021년에 16개월 동안 연재를 한 다음, 또 다시 『생활 속의 반야심경』이라는 제목으로 새 책을 내게 되었습니다.

이 책에서는 공空의 의미, 괴로움의 원인과 해탈법, 색즉시공 공즉시색의 참뜻, 불생불멸 불구부정의 생활, 걸림없고 진실불허한 삶을 이루는 방법에 대해 특히 힘을 주어 기술하였습니다.

아울러 불교의 기본 교리인 오온·십이인연·사제·팔정도·육바라밀·삼종반야·공가중空假中 삼제三諦사상 등에 대해서도 자세히 풀이하였습니다.

따라서 이 책 한 권만 정독하면 불교의 핵심 가르침을

반 이상 알 수 있게 됩니다. 그리고 반야심경의 핵심되는 가르침인 공空·일법계·중도·풍선자아 등을 꾸준하게 연결시켜, 그 가르침이 분명하게 새겨지도록 하였습니다.

　이 책이 법우님들의 신행생활에 보탬이 될 수 있기를 간절히 축원드리면서, 글을 쓴 공덕을 올 3월에 태어난 손녀의 복혜구족福慧具足과 집안의 행복 충만, 그리고 모든 이의 삶 속에 부처님의 대자비가 함께하여 환희로운 삶을 만끽하게 되는 데로 회향하옵니다.

　나무마하반야바라밀.

불기 2565년 7월 중순

경주 남산 기슭에서

김현준 합장

序   5

Ⅰ. 반야심경을 공부하기 전에 … 17

1. 반야심경 대본과 소본

· 반야심경의 격格 19
· 대본 반야심경 21
· 소본 반야심경의 유통 연기 24

2. 경 제목 '마하반야바라밀다심'의 풀이

· 마하摩訶 30
· 반야般若 33
· 바라밀다波羅蜜多 35

차 례

Ⅱ. 오온이 공임을 비추어 보라 … 39

1. 관자재보살觀自在菩薩

· 관자재觀自在 41
· 보살은 자리이타의 삶을 사는 이 45
· 보살의 상구보리上求菩提 49

2. 행심반야바라밀다

· 행심반야의 행行과 심深 52
· 삼종반야와 행심반야 55

3. 조견오온개공

· 조견照見 60
· 오온五蘊 62
· 오온개공五蘊皆空 68

4. 도일체고액

· 일체고액一切苦厄 71
· 도일체고액은 조견오온개공에서 73
· 오온개공을 체험하자 77

Ⅲ. 나와 공, 공과 나 … 81

1. 색즉시공 공즉시색

· 누구를 위한 가르침인가 83

· 색불이공色不異空 87

· 공불이색空不異色 93

· 색즉시공 공즉시색色卽是空 空卽是色 97

2. 비울수록 살아나는 인생

· 방하착放下着 102

· 본래무일물本來無一物 107

· 색즉시공의 조견법照見法 115

3. 아니다 아니다

· 제법諸法이란 122

· 제법의 공한 모습 128

· 불생불멸不生不滅 130

· 생명력으로 나고·살고·죽는다 133

· 불구부정不垢不淨 138

· 부증불감不增不減 147

차 례

Ⅳ. 본래의 그 자리에 무엇이? … 157

---

1. 없다·없다·없다

- 무색 무수상행식無色無受想行識 161
- 무안이비설신의 무색성향미촉법 163
- 무안계 내지 무의식계 167
- 꿈을 깨니 무엇이 있더냐 169

2. 불변의 진리도 없다

- 십이인연 176
- 12가지 인연에 간직된 뜻 179
- 순십이인연順十二因緣과 역십이인연逆十二因緣 185
- 사성제四聖諦 188
- 지智와 득得 194
- 왜 부정하는가? 197

차 례

Ⅴ. 반야바라밀다의 공덕 … 201

1. 왜 걸림 없이 못 사는가?

· 무소득과 무가애 203
· 무유공포와 두려움의 실체 210
· 마하반야바라밀다에 의지하면 215

2. 진실불허의 삶

· 위대한 주문 222
· 진실불허眞實不虛 231
· 아제아제 바라아제 237

마 하 반 야 바 라 밀 다 심 경
摩訶般若波羅蜜多心經

관 자 재 보 살　행 심 반 야 바 라 밀 다 시　조 견 오 온 개 공　도 일 체 고 액
觀自在菩薩 行深般若波羅蜜多時 照見五蘊皆空 度一切苦厄

사 리 자　색 불 이 공　공 불 이 색　색 즉 시 공　공 즉 시 색
舍利子 色不異空 空不異色 色卽是空 空卽是色

수 상 행 식　역 부 여 시
受想行識 亦復如是

사 리 자　시 제 법 공 상　불 생 불 멸　불 구 부 정　부 증 불 감
舍利子 是諸法空相 不生不滅 不垢不淨 不增不減

시 고　공 중　무 색　무 수 상 행 식　무 안 이 비 설 신 의　무 색 성 향 미 촉 법
是故 空中 無色 無受想行識 無眼耳鼻舌身意 無色聲香味觸法

무 안 계　내 지　무 의 식 계
無眼界 乃至 無意識界

무 무 명　역 무 무 명 진　내 지　무 노 사　역 무 노 사 진
無無明 亦無無明盡 乃至 無老死 亦無老死盡

무 고 집 멸 도　무 지 역 무 득
無苦集滅道 無智亦無得

이 무 소 득 고　보 리 살 타　의 반 야 바 라 밀 다　고 심 무 가 애　무 가 애 고
以無所得故 菩提薩埵 依般若波羅蜜多 故心無罣碍 無罣碍故

무 유 공 포　원 리 전 도 몽 상　구 경 열 반
無有恐怖 遠離顚倒夢想 究竟涅槃

삼 세 제 불　의 반 야 바 라 밀 다　고 득 아 뇩 다 라 삼 먁 삼 보 리
三世諸佛 依般若波羅蜜多 故得阿耨多羅三藐三菩提

고 지 반 야 바 라 밀 다　시 대 신 주　시 대 명 주　시 무 상 주　시 무 등 등 주
故知般若波羅蜜多 是大神呪 是大明呪 是無上呪 是無等等呪

능 제 일 체 고　진 실 불 허　고 설 반 야 바 라 밀 다 주　즉 설 주 왈
能除一切苦 眞實不虛 故說般若波羅蜜多呪 卽說呪曰

아 제 아 제　바 라 아 제　바 라 승 아 제　모 지　사 바 하
揭諦揭諦 波羅揭諦 波羅僧揭諦 菩提 娑婆訶 (3번)

마하반야바라밀다심경

관자재보살이 깊은 반야바라밀다를 행할 때, 오온이 공한 것을 비추어 보고 온갖 고통에서 건너느니라.

사리자여, 색이 공과 다르지 않고 공이 색과 다르지 않으며, 색이 곧 공이요 공이 곧 색이니, 수 상 행 식도 그러하니라.

사리자여, 모든 법은 공하여 나지도 멸하지도 않으며, 더럽지도 깨끗하지도 않으며, 늘지도 줄지도 않느니라.

그러므로 공 가운데는 색이 없고 수 상 행 식도 없으며, 안 이 비 설 신 의도 없고, 색 성 향 미 촉 법도 없으며, 눈의 경계도 의식의 경계까지도 없고, 무명도 무명이 다함까지도 없으며, 늙고 죽음도 늙고 죽음이 다함까지도 없고, 고 집 멸 도도 없으며, 지혜도 얻음도 없느니라.

얻을 것이 없는 까닭에 보살은 반야바라밀다를 의지하므로 마음에 걸림이 없고, 걸림이 없으므로 두려움이 없어서 뒤바뀐 헛된 생각을 멀리 떠나 완전한 열반에 들어가며, 삼세의 모든 부처님도 반야바라밀다를 의지하므로 최상의 깨달음을 얻느니라.

반야바라밀다는 가장 신비하고 밝은 주문이며, 위없는 주문이며 무엇과도 견줄 수 없는 주문이니, 온갖 괴로움을 없애고 진실하여 허망하지 않음을 알지니라.

이제 반야바라밀다 주를 말하리라.

아제 아제 바라아제 바라승아제 모지 사바하(3번)

I
반야심경을 공부하기 전에

우리는 원래 마하심·반야심·바라밀다심을 갖추고 있습니다.
지금도 마하요 반야요 바라밀다인 마음을 가지고 있기 때문에
그 마음만 회복해 가지면 우리도 부처님이 됩니다.
오직 원래의 마음인 마하심을 반야하기만 하면
피안에 도달할 수 있다는 것.
이것이 부처님 가르침의 핵심입니다.

1. 반야심경 대본과 소본

반야심경의 격格

　마하반야바라밀다심경摩訶般若波羅蜜多心經. 줄여서 '반
야심경'이라 칭하는 이 경전의 글자 수는 총 260자에 불
과하며, 반야부般若部 계통에 속하는 경전입니다.

　전통적으로 부처님께서 설하신 경전을 성격별로 분류
할 때는 화엄부·아함부·방등부·반야부·법화열반부 등
의 다섯으로 나누는데, 이 중에서 가장 방대한 것이 반야
부 계통의 경전입니다.

　부처님께서는 성도를 하여 열반에 이르기까지의 45년
가운데 반에 해당하는 22년 동안을 반야부 계통의 경전
을 설하셨다고 합니다.

　그러나 후대 학자들의 연구를 통하여 이 반야부 계통의
경전은 기원전 100년경에 대승불교가 일어나면서 만들어
지기 시작하였다는 것이 밝혀졌습니다.

　현재 알려져 있는 반야부 계통의 경전으로는 11가지 정

도를 들 수 있습니다.

① 대품반야경大品般若經　② 소품반야경小品般若經

③ 십만송반야경十萬頌般若經　④ 금강경金剛經

⑤ 문수반야경文殊般若經　⑥ 유수반야경濡首般若經

⑦ 승천왕반야경勝天王般若經　⑧ 이취경理趣經

⑨ 대반야경大般若經　⑩ 반야심경般若心經

⑪ 인왕반야경仁王般若經

　이들 중의 하나인 ① 대품반야경은 『대반야경大般若經』
이라고도 칭하는 마하반야바라밀경입니다. 총 6백 권에
이르는 방대한 분량으로, 『한글대장경』 제21책부터 40책
까지를 차지하고 있으며, 깨알과 같은 크기의 글씨가 총
1만 2천 페이지나 이어지고 있는데, 흔히들 불경 중에서
매우 길다고 생각하는 『화엄경』의 7배 분량이나 됩니다.
　반야심경은 이렇게 방대한 6백 권 『대반야경』의 진수를
뽑고 또 뽑아 압축해 놓은 경전입니다. 그래서 6백 권 마
하반야바라밀경의 심장과 같은 경이라는 뜻으로 '마음
심心'자를 더하여 '마하반야바라밀다심경'이라 하였다는
설도 있습니다. 학자들은 이 반야심경이 3세기에 완성되
었다는 것을 정설로 삼고 있습니다.

대본 반야심경

이 반야심경에는 대본大本과 소본小本이 있는데, 현재 유통되고 있는 것은 소본입니다.

소본과 대본의 중심 내용은 별 차이가 없으며, 대본에는 소본의 앞뒤에 서론 부분과 결론 부분이 더 첨가되어 있을 뿐입니다. 그리고 이 대본과 소본 모두 범어梵語 원전이 전해지고 있습니다.

우리가 염송하고 있는 반야심경은 소본小本으로, "관자재보살 행심반야바라밀다시 조견오온개공 도일체고액觀自在菩薩 行深般若波羅蜜多時 照見五蘊皆空 度一切苦厄"으로 시작되고 있습니다.

대본大本 반야심경에는 이 소본의 첫 구절 앞에 경을 설하게 된 도입 부분에 해당하는 서분序分이 첨가되어 있습니다. 먼저 그 서분의 범어梵語 원문을 번역하여 몇 가지 사항을 밝히고자 합니다.

이와 같이 나는 들었다. 어느 때 세존께서는 많은 성문聲聞·보살들과 함께 왕사성王舍城의 영축산에 계셨다.

그때 세존께서는 깊은 깨달음의 삼매에 드시어, 위대한 관자재觀自在보살이 '존재하는 것에는 다섯 가지 구성요

소[五蘊]가 있다'는 것과, '이 다섯 가지 구성요소의 본성
本性은 실체가 없다[空]는 것을 분명히 비추어 보고, 깊은
반야바라밀다를 체득했다'는 것을 철저히 관찰하셨다.

그때 장로 사리자舍利子는 부처님의 힘을 빌려 성스러운
관자재보살께 여쭈었다.

"만약 선남자 선여인이 깊은 반야바라밀다를 완성하고
자 한다면 어떻게 수행하는 것이 가장 좋습니까?"

이에 관자재보살이 장로 사리불에게 이르셨다.

"만약 선남자 선여인이 깊은 반야바라밀다를 이루고자
한다면 '존재하는 것에는 다섯 가지 구성요소[五蘊]가 있
으며, 이들 다섯 가지 구성요소는 본래 실체가 없다[空]'
는 것을 철저히 비추어 보아야 합니다."

이상의 대본 내용을 소본 반야심경에서는 모두 생략하
고, '관자재보살 행심반야바라밀다시 조견오온개공 도일
체고액'이라는 짧은 문장으로 함축시켜 놓은 것입니다.

그리고 대본에는 소본의 '아제아제 바라아제 바라승아
제 모지사바하'까지의 주문을 설한 다음, 결론에 해당하
는 유통분流通分의 경문이 첨가되어 있습니다.

"사리불이여, 깊은 반야바라밀다를 완성하고자 할 때는

반드시 이 가르침을 배워야 합니다."

그때 세존께서는 깊은 삼매에서 깨어나 관자재보살을 찬탄하셨다.

"그러하고 그러하다, 훌륭한 이여. 반야바라밀다를 완성하고자 할 때에는 그와 같이 행하지 않으면 안 된다. 그대가 설한 것을 모든 부처님은 기쁘게 받아들이노라."

세존께서 기쁨에 넘친 마음으로 이와 같이 말씀하시자, 장로 사리불과 관자재보살과 법회에 참여한 대중들, 천天·용龍·아수라·건달바 등 모든 세계의 존재들이 크게 환희하였다.

우리는 이 대본에 의해 소본에서는 알 수 없었던 몇 가지 사항을 파악할 수 있습니다.

① 반야심경은 왕사성의 영축산에서 설해졌다.
② 반야심경을 설한 설주說主는 부처님이 아니라 관자재보살이다.
③ 지혜제일 사리자가 부처님 삼매의 힘을 빌려 관자재보살께 법문을 청하였다.
④ 대본에는 소본의 '도일체고액度一切苦厄'에 해당하는 문구가 없다.

⑤ 부처님과 관자재보살께서 증득한 대지혜인 '마하반야
　　바라밀다를 완성하기 위해서는 어떻게 수행해야 하는
　　지를 밝힌 경전'이 반야심경이다.
⑥ 마하반야를 성취하고 완성하기 위해서는 존재의 근본
　　구성요소인 오온五蘊의 하나하나에 실체가 없다는 것
　　을 분명히 비추어 보는 공부부터 시작하여야 한다.
⑦ 부처님께서는 삼매에서 깨어나 관자재보살의 설법을
　　인정하고 찬탄하셨다.
⑧ 법회에 참여한 모든 대중이 환희하였다.

소본 반야심경의 유통 연기

이제 우리가 공부할 소본 반야심경에 대해 살펴봅시다.
현재 전해지고 있는 반야심경의 한역본漢譯本으로는 7
종이 있습니다.

① 마하반야바라밀대명주경(摩訶般若波羅蜜大明呪經) : 구마라집(鳩摩羅什) 412년 번역. 소본.
② 마하반야바라밀다심경(摩訶般若波羅蜜多心經) : 현장(玄奘) 648년 번역. 소본.
③ 보편지장반야바라밀다심경(普遍知藏般若波羅蜜多心經) : 법월(法月) 738년 번역.

④ 반야바라밀다심경(般若波羅蜜多心經) : 반야(般若) 790년 경 번역. 대본.

⑤ 반야바라밀다심경 : 지혜륜(智慧輪) 861년 번역. 소본.

⑥ 반야바라밀다심경 : 법성(法成) 856년 번역. 소본.

⑦ 성불모반야바라밀다심경(成佛母般若波羅蜜多心經) : 시호(施護) 980년 번역. 소본.

이 일곱 가지 번역본 가운데 우리나라·중국·일본에서는 ② 현장의 번역본을 법회 및 의식 때 염송하고 있는데, 이 현장법사의 반야심경에는 다음과 같은 인연 이야기가 전해지고 있습니다.

❀

『서유기』를 통하여 우리에게 널리 알려져 있는 당나라의 현장법사는 일찍이 대반야경(大般若經)을 비롯한 모든 불경의 범어(梵語) 원본을 구하여 한문으로 번역하겠다는 원원(願願)을 세웠습니다.

현장법사는 그 원을 성취하기 위해 629년 8월에 당 태종과 주위의 만류를 뿌리치고 인도를 향해 길을 떠났습니다. 하지만 교통수단이 미개했던 시절이라, 나라의 보호 없이 제자 40명을 데리고 은밀하게 길을 떠난 현장법사는 목숨을 걸고 험악한 산악과 사막을 지나갔는데, 중앙아시아의 관문인 서역 땅 계빈국의 국경에 이르렀을 때에는 40명의 제자 가운데 살아남은 이가 한 명도 없었습니다.

홀로 남은 현장법사가 하염없는 두려움을 안고 큰 강가에 이르렀지만 나룻배마저 전혀 보이지 않았습니다. 그때 상류로부터 집을 지을 때 쓰는 목재들이 떠내려오는 것을 보고 문득 생각했습니다.

'저 상류로 거슬러 올라가면 민가가 있을 것이다. 거기서 쉬어 가자.'

한참을 올라가자 잡초가 우거진 쓸쓸한 고찰이 눈에 띄었고, 안쪽에서 신음소리가 들려와 들어가 보니 문둥병을 앓는 노비구가 있었습니다. 현장법사는 병든 노비구만이 홀로 있게 된 내력을 물었습니다.

"이 절에는 원래 대중이 많이 있었는데, 내가 이러한 업병業病을 앓게 되자 모두 떠나갔다오."

비록 구법의 길이 바쁘기는 하였지만, 그대로 놓아두면 당장 숨이 넘어갈 병든 노비구를 외면할 수 없었습니다. 현장법사는 지성을 다해 간병하였고, 노승은 얼마 지나지 않아 완쾌되었습니다.

이에 현장법사가 '떠나야 한다'며 하직 인사를 드리자, 노승은 그지없이 감사하며 품속에서 범어로 된 『반야심경』을 꺼내어 선물했습니다. '이 경을 읽으면 어떤 힘든

일도, 능히 극복할 것'이라는 말씀과 함께.

실로 현장법사는 이 경의 가피를 많이 입었습니다. 이 반야심경을 독송하여 재난을 당할 때마다 몰아치는 공포와 모든 액난을 면한 것입니다.

특히 현장법사가 인도 항하恒河(갠지스강)의 한 지류를 통과할 무렵, 떼를 지어 덤벼든 그곳의 주민들이 순식간에 현장법사의 사지를 묶어 버렸습니다.

"왜 나를 결박하는 것이오?"

"항하의 재물로 바치려는 것이오."

그들은 솔직히 까닭을 밝혔습니다.

"풍년을 기원하기 위해 1년에 한 번씩 항하의 수신水神에게 사람을 바치면서 제사를 올리는데, 마침 오늘이 제삿날입니다. 그런데 스님이 지나가는 것을 보고, 같은 마을 사람보다는 외국인을 죽이기가 인정상 쉬운 일이라 생각하여 실례를 하게 되었습니다."

'이제 곧 나란타사에 도착하여 범본 불경을 보게 될 판인데, 그것을 보지 못한 채 죽게 되다니! 이 모두가 전생에 지은 업장 때문인가? 함께 떠나왔던 제자 40명을 다 죽이고 나까지 죽게 되었으니….'

현장법사는 마음 깊이 참회하며 그들에게 청했습니다.

"나는 출가한 승려입니다. 당신네들 모두를 잘살게 할

수 있다면 내 목숨 내어놓는 것이 무어 그리 아깝겠습니까? 죽기 전에 즐겨 읽던 경문이나 한 번 읽을 수 있도록 이 포승줄을 약간 늦추어 주십시오."

그들이 요구를 들어주자 현장법사는 반야심경을 품에서 꺼내어 세 번을 읽었습니다. 그 순간, 새까만 먹구름이 하늘을 뒤덮고, 회오리바람이 일어나 모래흙을 수십 길이나 끌어올리는 것이었습니다. 이러한 이변에 놀란 주민들은 대경실색하여 현장법사를 풀어주었습니다.

마침내 현장법사는 인도 나란타사에 도착하였고, 그 절에 있는 나란타대학에서 여러 해 동안 불경을 배우고 학문을 연구하였는데, 천축국(인도)의 왕은 법사를 보배처럼 받들었습니다.

마침내 귀국한 현장법사는 처음 발원한 대로 경전 번역 불사에 평생을 바쳤는데, 그 어떤 경전보다 반야심경을 먼저 번역하였습니다.

그런데 이상한 것은, 귀국 길에 노승의 중병을 간호해 주고 범본 반야심경을 얻었던 계빈국의 고찰을 다시 찾아보았지만, 노승은 고사하고 헐어 빠진 고찰도 자취를 찾을 수 없었다고 합니다. 후일 현장법사는 '그 병든 노화상이 관세음보살의 시현이었다'고 하셨습니다.

ᄋᄋ

이러한 인연담 때문인지, 현장법사는 번역한 모든 경전 중 반야심경을 가장 중요시하였습니다. 그리고 이러한 인연 덕분에 예불 의식이나 법회가 있을 때면 종파를 초월하여 이 경전을 독송하였으며, 불자들은 신행 생활 및 공부의 한 방편으로 반야심경을 즐겨 외웠습니다.

불교의 경전 중에서 교리적으로나 신행의 면에서 핵심의 자리를 차지하고 있는 반야심경! 이후 오늘날까지 이 경전에 대한 해설서는 수백 종에 이르고 있으며, 이 경전을 읽고 쓰면서 이룬 영험담 또한 수도 없이 전해지고 있습니다.

만약 우리가 이 반야심경의 깊은 뜻을 '나'의 것으로 만들어 간다면, 과연 그 공덕과 영험과 깨달음이 어떠하겠습니까?

반야심경 속의 말씀 그대로 걸림 없는 마음을 얻을 뿐 아니라, 지혜롭고 평화로운 삶, 행복하고 안정된 삶, 필경에는 부처님의 자리에까지 이르게 될 것입니다.

2. 경 제목 '마하반야바라밀다심'의 풀이

마하摩訶

이제 반야심경의 원제목인 '**마하반야바라밀다심경**' 속에 간직되어 있는 의미를 함께 풀어 봅시다.

마하반야바라밀다는 '마하＋반야＋바라밀다'의 합성어요, 이 세 단어는 모두가 범어梵語입니다.

마하摩訶의 범어 Mahā(마하)는 '크다[大]·많다[多]·빼어나다[勝]'의 뜻을 지닌 단어로, 이 셋 중에서 '대大'로 번역하는 경우가 가장 많았습니다.

크다! 하지만 이 '대大'는 다른 것과 비교가 되는 상대적인 큰 것이 아닙니다. 감히 그 무엇과도 비교가 되지 않는 절대적인 크기이며, 한없이 큰 것이라 하였습니다.

많다[多]! 무엇이 많다는 것인가? '공덕이 그지없이 많다, 좋은 것이 한없이 많다, 무궁무진한 보배가 수도 없이 많다'는 것입니다.

'빼어나다〔勝〕'고 한 것은 어떤 것과도 비교가 될 수 없는 '최고'라는 뜻이 담겨져 있습니다.

하지만 마하는 단순히 크기만 하고 많기만 하고 빼어나기만 한 것이 아닙니다. 그 크고·많고·빼어남은 우리의 모든 상식을 뛰어넘고 있습니다. 이에 대해 원효스님은 『대승기신론소』를 통해 다음과 같이 설하셨습니다.

그것은 깊고도 고요하고 맑고도 평화로운 것이니
깊고 또 맑거늘 어찌 그 모양을 말할 수 있으랴
크다고 하자니 아무리 작은 것에도 능히 들어가고
작다고 하자니 어떠한 큰 것이라도 다 감싸는구나
있다고 하자니 그 모습이 한결같이 텅 비어 있고
없다고 하자니 만물이 다 이로부터 생겨나누나

원효스님의 말씀 그대로, 무엇이라고 하자니 맞지 않는 것. 이것이 우리의 본래 마음인 마하심摩訶心입니다.

곧 허공과 같이 일체의 현상계를 다 포함하고 있는 마하심은, 우리의 관념·상상·분별 등 일체의 상대적인 생각을 떠나 있다는 것을 깨우쳐주고 있습니다.

이것을 굳이 현대적으로 표현한다면, 대우주법계와 하나가 된 우리의 '영원생명·무한행복의 마음자리'라 할 수 있습니다. 한없는 행복을 간직한 영원한 생명력이 마하심입니다.

하지만 그 어떠한 말로도 이 마하심을 올바로 표현할수가 없고, 정확한 정의를 내릴 수가 없습니다. 그래서 우리의 분별이나 생각으로 알 수 있는 것이 아닌 절대적인 그 마음자리를 그냥 **마하**라고 한 것입니다.

그럼 어떠한 상태에 있게 될 때 '**마하**'인 본성을 체득하게 되는가? 육조 혜능대사께서는 다음과 같이 정리를 해주셨습니다.

"만약 선이나 악을 대할 때 어느 것도 취하거나 버리지 않고 물들거나 집착하지 아니하여, 마음이 마치 허공과 같게 되면 이를 이름하여 크다[大]고 하고 마하摩訶라 하느니라."

'마음이 허공과 같게!' 이 말씀이 지금의 우리에게는 요원하게 들릴 수 있습니다. 그러나 반야심경을 자꾸 새겨 '나'의 것으로 만들다 보면 이 말씀을 능히 이해하게 됩니다. 이제 반야의 뜻풀이로 넘어갑시다.

반야般若

　반야般若의 범어는 Prajñā(프라즈냐)입니다. 프라즈냐는 마하심, 곧 대우주법계에 충만된 생명의 본질을 체득하였을 때 저절로 나타나는 '근원적인 예지'를 뜻합니다. 바꾸어 말하면 영원한 생명력 속에서 무한한 행복을 누리며 자유롭고 맑게 살 수 있게끔 하는 우리 속의 본래 지혜智慧가 반야인 것입니다.

　하지만 이 반야 또한 인간들이 상식적으로 생각하고 있는 지혜의 범주를 한 차원 넘어서고 있습니다. 비유를 하자면 반야의 지혜는 해(日)와 같으며, 『화엄경』에서는 다음과 같이 표현하고 있습니다.

　"반야의 지혜는 마치 해가 솟아 비치는 것과 같다. 소경은 눈이 멀어 그 빛을 보지는 못하지만, 그도 햇빛의 혜택은 여전히 받는다.

　반야의 광명도 항상 비치고 있지만, 믿음이 없고 진리를 이해하지 못하고 그릇된 방법으로 살아가는 소경과 같은 중생은 반야의 태양을 보지 못한다. 그러나 그들 역시 반야지혜의 혜택 속에서 살아가고 있다."

이처럼 반야의 지혜는 태양의 빛과 같이 분별이 없는 무분별지無分別智요, 분별이 없기 때문에 절대적이면서도 누구나 지니고 있는 평등하고 원만한 지혜입니다.

실로 태양과 같이 밝은 '반야의 지智'는 '알 지知'자와 다릅니다.

'지知'는 '화살 시矢'에 '입 구口'를 더한 글자입니다. 화살처럼 귀로 들어왔다가 입으로 나가 버려서, 내 속에 오래 머물지도 않고 진정한 나의 것도 되지 못합니다. 곧 '지知'는 제 나름대로 알아서 써먹는 Vijñāna(비즈냐나)로 분별지分別知에 불과합니다.

그러므로 불교에서는 평범한 인간들의 분별지인 비즈냐나와 구분 짓기 위해 '프라즈냐'라는 특별한 뜻을 지닌 단어를 채택하였으며, 일부러 의역意譯하지 않고 범어의 음역인 '반야'라는 말을 그대로 사용하고 있습니다.

결코 이 지혜는 부처님만 가지고 있는 것이 아닙니다. 일체중생도 이러한 지혜를 간직하고 있습니다. 나 스스로가 본래부터 갖추고 있는 지혜가 반야지혜입니다. 미혹과 업장과 번뇌 때문에 나타나지 않고 있는 것일 뿐.

정녕 부처님께서 반야심경을 설하신 까닭이 무엇이겠습니까?

우리가 본래부터 갖추고 있는 반야지혜를 발현시켜 부

처가 되라는 것입니다. 부처님의 지혜와 조금도 차이가 나지 않는 대반야의 지혜를!

이제 바라밀다의 뜻을 새겨 봅시다.

바라밀다波羅蜜多

바라밀다波羅蜜多는 마하반야의 힘에 의해 즐겁고 자유롭고 편안한 대해탈大解脫의 세계에 이르게 됨을 나타내는 말입니다.

바라밀다의 범어인 파라미타Pāramitā는 **파라**Pāra(피안)와 **미타**mitā(도착한다)의 두 낱말이 붙어 이루어진 합성어로서, '도피안到彼岸'으로 한역漢譯됩니다.

곧 '피안에 도달한다', '피안에 도달한 상태'라는 뜻을 지니고 있습니다. 그리고 바라밀다를 줄여서 '바라밀'이라 부르는 경우가 많습니다.

파라Pāra는 피안彼岸, 이상의 세계인 저 언덕을 뜻합니다. 생로병사 등의 고통으로 가득한 이 세상, 참지 않고서는 살아갈 수 없는 지금의 사바세계와는 완전히 다른, 한없이 즐겁고 평화로운 세상이 '파라'의 세계입니다.

범어 '파라'는 천당天堂을 뜻하며, 히브리어나 라틴어에서도 '파라Pāra'는 하늘나라·천국·유토피아·이상향을 뜻하는 말로 사용되고 있습니다. 영어의 파라다이스 paradise도 '파라'의 파생어로서, 천국의 낙원, 곧 아주 즐거운 하늘나라 꽃동산을 뜻합니다.

이와 같은 뜻을 담고 있는 '파라'를 불교적으로 해석하면 열반의 세계, 해탈의 세계, 극락 또는 불국정토로 풀이할 수 있습니다.

그리고 파라 뒤에 붙은 '미타mitā'는 거기에 '도착한다', 그것을 '완성한다·이룩한다'는 뜻을 지니고 있습니다. 따라서 '파라미타'라고 하면 '파라에 도착했다', '파라를 완성했다', '파라를 이룩하였다'는 등의 의미를 지니게 됩니다.

바라밀다! 과연 우리 불자들의 이상향인 파라의 세계는 무엇에 의해서 '도달'할 수 있는 것인가? 두말 할 나위 없이 우리의 본래면목인 마하의 영원한 생명력과 반야의 대지혜광명을 회복해 가질 때 이 파라의 세계가 눈앞에 펼쳐지게 됩니다.

이 '마하반야바라밀다' 풀이는 경문을 해설할 때 보다 자세히 살펴보게 될 것입니다.

이제 **심경**心經이라는 단어와 '마하반야바라밀다'를 연결시켜 봅시다.

마하반야바라밀다심경은 줄여서 '심경心經'이라고도 하는데, 이 심경은 보통 두 가지로 풀이합니다.

첫째는 이 '심心'을 심장·핵심·중심으로 풀이하는 경우가 많습니다. 6백부 반야경의 심장이요 핵심이요 중심이 되는 경전이 반야심경이라는 것입니다.

둘째는 글자 그대로 '마음 심心'으로 풀이합니다. 심경! 마음을 이야기한 경전이라는 것입니다. 이 마음이 누구의 마음입니까? 우리의 마음이요 나의 마음입니다.

하지만 이 마음은 좁디좁은 지금의 내 마음이 아닙니다. 어둠 속을 헤매는 내 마음이 아닙니다. 불행 속에 빠져 있는 내 마음이 아닙니다.

나의 이 마음은 마하심입니다. 한없이 넓고 크고 수승한 공덕을 갖추고 있는 마하의 마음입니다. 언제나 대지혜광명을 발하고 있는 반야의 마음입니다. 행복만이 가득한 바라밀다의 마음입니다.

우리는 원래 마하심·반야심·바라밀다심을 갖추고 있습니다. 지금도 마하요 반야요 바라밀다인 마음을 가지고 있기 때문에, 그 마음만 회복해 가지면 우리도 부처님이 된다는 것입니다. 이것이 부처님 가르침의 핵심입니다.

오직 원래의 마음인 마하심을 반야하기만 하면 파라에 밀다할 수 있는 것이니, 우리 모두가 가지고 있는 무한대의 마하심을 잘 관찰하고 개발하여 부처님의 자리로 나아가자는 것이며, 그것이 '마하반야바라밀다심경'이라는 경 제목 속에 담겨져 있는 의미임을 잊지 마시기 바랍니다.

이제 반야심경을 통하여 마하반야바라밀을 이루는 이 공부를 꾸준히 해 보십시오. 틀림없이 인생이 바뀌고 세상이 바뀝니다. 내가 반야의 빛을 발하고 내 주위가 피안으로 바뀌게 됩니다.

감히 청하오니, 수승한 반야심경을 함께 공부하면서 우리의 마음을 마하심으로 바꾸고, 삶을 지혜롭게, 현실 세계를 바라밀의 세계로 바꾸어 봅시다. 마하반야바라밀다심경! 그 속에 담긴 가르침을 나의 것으로 만들면서….

나무마하반야바라밀다심경

Ⅱ
오온이 공임을 비추어 보라

오온을 비우지 못하고 '나'에 집착하면
언제나 그것으로 인한 걱정과 근심 속에서 살아야 하고,
거기에서 파생되는 고액苦厄으로부터 벗어날 수가 없습니다.
그러므로 마음을 다잡고 비워가야 합니다.
자꾸 색·수·상·행·식의 오온이 모두 공하다는 것을 조견하게 되면
일체고액에서 벗어날 수 있습니다.
부지런히 '나'의 망상과 집착을 비우는 노력을 해나가게 되면
현재의 망상연妄想緣에서 벗어날 수 있습니다.
'수→상→행→식'의 표류에서 벗어날 수 있습니다.

<ruby>觀<rt>관</rt></ruby><ruby>自<rt>자</rt></ruby><ruby>在<rt>재</rt></ruby><ruby>菩<rt>보</rt></ruby><ruby>薩<rt>살</rt></ruby>

관자재보살
觀自在菩薩

행심반야바라밀다시
行深般若波羅蜜多時

조견오온개공
照見五蘊皆空

도일체고액
度一切苦厄

관자재보살이

깊은 반야바라밀다를 행할 때

오온이 공한 것을 비추어 보고

온갖 고통에서 건너느니라.

1. 관자재보살觀自在菩薩

관자재觀自在

관자재 : <u>Avalokiteśvāra</u> = <u>Ava</u> <u>lokita</u> + <u>iśvāra</u>
觀自在   본다 세상을   自在

『반야심경』의 첫 구절은 '**관자재보살**'로 시작합니다.

관자재보살의 '**관자재**'는 범어 아바로키테슈바라를 의역意譯한 이름입니다. 이 아바로키테슈바라는 '관觀'을 뜻하는 **아바로키타**와 '자재自在'를 뜻하는 **이슈바라**가 합해져서 이루어진 이름입니다.

더 엄밀히 분류하면 아바로키타의 아바Ava는 '본다'는 뜻이요, 로키타lokita는 '세상을'이라는 뜻이므로, 아바로키테슈바라는 온 세상을 자유자재하게 보는 분을 가리킵니다. 따라서 범어대로 풀면'관자재觀自在'로 번역하는 것이 마땅합니다.

그런데 대역경승인 구마라집鳩摩羅什(343~413) 삼장은

『법화경』을 한역할 때, 관세음보살보문품의 아바로키테슈바라를 '관세음觀世音'으로 번역하였습니다. 왜 구마라집은 관자재를 관세음으로 달리 번역을 한 것일까?

구마라집 삼장이 관세음보살보문품의 근본정신인 중생 구제의 측면에 보다 가깝도록 하기 위해 '관세음觀世音'으로 번역하였다는 견해가 많습니다. 곧, 관세음보살보문품의 다음과 같은 구절에 근거를 두었다는 것입니다.

선남자여, 백천만억의 한량없는 중생이 여러 가지 괴로움을 받게 되었을 때, '관세음보살'이라는 이름을 듣고 일심으로 관세음보살의 명호를 부르면, 관세음보살은 즉시에 그 음성을 관하여 모두에게 해탈을 얻게 하느니라

선 남 자 약 유 무 량 백 천 만 억 중 생 수 제 약 뇌 문 시 관 세 음 보 살 일 심 칭 명
〔善男子 若有無量百千萬億衆生 受諸若惱 聞是觀世音菩薩 一心稱名

관 세 음 보 살 즉 시 관 기 음 성 개 득 해 탈
觀世音菩薩 卽時觀其音聲 皆得解脫〕.

"보살이 즉시에 '그 음성을 관하여〔觀其音聲〕' 모두에게 해탈을 얻게 한다"는 이 말씀에 근거하여 관세음 또는 관음이라 번역하였다는 것입니다.

따라서 '관세음'은 중생을 제도하는 자비慈悲의 측면을 강조한 번역이고, '관자재'는 스스로가 갖춘 지혜, 곧 반야般若의 측면을 강조한 번역이라고 이해하면 좋을 것입

니다.

다시 '관자재'로 돌아가 '관자재'를 보다 구체적으로 풀이하면, '마하반야가 되었다. 마하반야를 회복해 가졌다'는 뜻입니다. 누구나가 갖추고 있는 마하반야의 마음을 회복해 가지면 관자재를 이루어 이 세상 무엇이든지 자유자재롭게 볼 수 있게 된다는 것입니다.

관자재의 '볼 관觀'은 '본다'는 뜻입니다. 그러나 이 관은 일반적으로 보는 '볼 견見'과 차이가 있습니다. 과연 관과 견은 어떤 차이가 있는가?

일반적으로 '견見'이라 하면 오관의 하나인 눈으로 보는 것을 뜻합니다. '나의 눈으로 사물을 본다, 사람을 본다'는 등, 눈을 상당히 강조하고 있습니다.

이에 반해 '관觀'은 눈이 아니라 '마음으로 본다. 깊은 마음인 마하심으로 본다'는 뜻이 담겨져 있습니다.

달리 이야기하면, 견見은 나의 주관이나 고집·관념·추측·착각 등을 가지고 보는 것이요, 관觀은 나의 주관이나 고집 등이 벗겨진 큰 마음·밝은 마음·깊은 마음의 눈으로 보는 것입니다.

불경 속에는 '새끼줄과 뱀의 이야기'가 자주 등장합니다. 어둑어둑한 길에 새끼줄이 하나 놓여 있습니다. 그런데 길을 가던 사람이 그 새끼줄을 뱀으로 착각하여 '뱀!' 하며 깜짝 놀라는 경우가 많습니다.

왜 깜짝 놀랍니까? 새끼줄을 새끼줄로 보지 못하고 뱀으로 착각했기 때문입니다. 자기의 주관적인 판단으로 잘못 본 것입니다. 이것이 견見입니다.

그러나 관觀으로 보면 착각을 하지 않습니다. 새끼줄을 새끼줄로 볼 뿐입니다.

왜? 관이 되면 착각을 하지 않기 때문입니다. 마음이 평정되어 있으므로 있는 그대로의 모습을 볼 수 있습니다.

나의 사견〔我癡〕, 나의 사랑〔我愛〕, 나의 교만〔我慢〕, 나의 고집〔我見〕에 빠져 있으면 나의 눈은 있는 그대로를 볼 수가 없습니다. 이것이 견見입니다. 빨간색 안경을 끼면 세상이 빨갛게 보이고, 파란색 안경을 쓰면 세상이 파랗게 보입니다. 이것이 견見입니다.

그러나 색안경을 끼지 않게 되면 세상의 빛이 있는 그대로 보입니다. 이것이 관觀입니다. 나의 사견·나의 사랑·나의 분별·나의 고집을 벗어 버리고 보게 되면 관觀을 할 수 있게 됩니다. 다시 한번 정리하면,

·견은 눈으로 보고, 관은 마음으로 봅니다.
·견은 주관적으로 보고, 관은 있는 그대로를 봅니다.

·견은 아상으로 보고, 관은 나를 텅 비우고 봅니다.

·견은 색안경을 끼고 보고, 관은 색안경 없이 봅니다.

따라서 '관자재'를 이루려면 나라고 하는 아상我相을 떠나고, 나와 너를 구별하고 갈라놓는 생각(견해)들을 떠나서, 깊고 평정한 마음을 갖추어야 합니다. 그래야만 관이 자유자재롭게 됩니다.

정녕 관자재보살님은 대우주 대법계의 마음을 갖춘 분입니다. 마하심 그 자체가 되신 분이요 마하심으로 사는 분입니다. 그래서 무엇이든 자유자재롭게 관할 수가 있습니다.

보살은 자리이타의 삶을 사는 이

보살 : Bodhisattva =	Bodhi	+	satt	+	va
菩薩 보디사트바	覺		생명(씨)		있는 존재

그럼 **보살菩薩** 속에는 어떤 의미가 담겨져 있는가?

보살의 범어는 보디사트바입니다. 이 가운데 사트satt는 생명을 뜻하며, 사트에 바va가 붙으면 '생명 있는 존재'가 됩니다. 따라서 '사트바'는 중생衆生 또는 유정有情으로 번역합니다. 그리고 보디Bodhi는 각覺이요 깨달음입니다.

자연 보살의 원어인 '보디사트바'는 깨달은 중생, 곧 각유정覺有情이라는 의미를 지니게 됩니다.

그럼 '깨달은 중생'인 보살은 무엇을 깨달은 것인가?

'내가 마하반야바라밀다임을 깨달았다'는 것입니다. '내 마음이 원래 마하심이요 반야요 바라밀다임을 깨달았다'는 것입니다.

이러한 보살은 자리이타自利利他의 삶을 살아갑니다. '나도 이롭고 남도 이롭다'는 자리이타. 내가 하는 일은 곧 남을 이롭게 하는 일이요, 남을 위하는 일은 곧 나를 이롭게 하는 일이 됩니다. 나도 살리고 남도 동시에 살리는 자리이타의 삶이 보살행菩薩行인 것입니다.

그런데 중생들은 자리이타의 행을 실천할 때 견見으로 합니다. '저 사람을 도우면 내가 복을 받을 거야'라는 주관적인 가치 판단을 밑바닥에 깔고 이타행利他行을 합니다.

그러나 보살은 다릅니다. 보살이 되면 저절로 자리이타의 삶을 살게 됩니다. 왜? 각覺을 하여 올바로 관觀을 할 수 있으니까! 나만의 세계가 본래 없다는 것, 나만의 삶이 본래 없다는 것을 관하고 깨달았기 때문에 저절로 나도 이롭고 남도 이롭게 하는 삶을 살게 되고, 나와 남을 함께 살리는 삶을 살게 됩니다.

그리고 보살은 마하심이라는 큰마음으로 살기 때문에, 그 하나하나의 행위가 그대로 자타自他가 없는 무량공덕을 이루어 내게 되는 것입니다.

이러한 자리이타의 삶을 달리 정의하면 '자비慈悲'입니다.

세상 사람들은 이 자비에 대해, 많이 가진 사람이 없는 사람에게 베풀어주거나 힘 있는 사람이 힘없는 이를 돌보아주는 것이라고 생각합니다. 그러나 불교의 자비는 힘 있는 자가 힘없는 자에게 베풀어 주거나, 우월한 존재가 열등한 존재를 조금 깨우쳐 주거나, 높은 데서 낮은 곳으로 흘려보내는 정도를 초월하고 있습니다.

그럼 어떠한 것이 자비행인가? 상대를 나와 같은 수준으로 끌어올리고자 하는 것이 불교의 자비입니다.

따라서 보살의 자비는 모든 중생을 보살의 지위로 이끌어 올리는 것이요, 부처님의 자비심은 모든 중생을 부처로 만들고자 하는 마음입니다.

주위의 인연 있는 사람을 자꾸자꾸 깨우쳐서 올바로 인도하는 자각각타自覺覺他의 길을 걷고, 나와 남을 함께 이

롭게 만드는 행을 실천하는 것이 불교의 자비요 보살의
자비입니다.

만약 자비심을 품은 보살이 정치가가 된다면, '이 나라
국민들을 정말 행복한 나라에서 살 수 있도록 정치를 하
겠다'고 할 것입니다. 기업체의 사장이라면 '우리 직원들
을 나만큼은 살 수 있게 경영을 해야겠다'는 마음가짐으
로 실천을 할 것입니다.

이러한 자비심을 품고 정치를 하고 기업을 한다면 어
찌 나라가 평화롭지 않을 것이며 기업이 잘되지 않겠습니
까? 저절로 살기 좋은 나라, 부유한 기업이 될 수밖에 없
습니다.

각유정覺有情인 보살! 보살의 깨달음은 중생의 생활 속
에 있습니다. 특히 사랑을 통하여, 자비를 실천하는 속에
서 크게 깨어날 수 있습니다. 사랑하며 살아가는 가운데,
어떤 틀에서 자꾸 벗어나고 자꾸 향상하고 자꾸 살려 나
가는 것. 이것이 보살의 깨달음입니다.

사랑과 자비는 참으로 소중한 깨달음을 가져다줍니다.
하지만 그 깨달음 속에서 함께 살아나야 합니다. 사랑하
는 가족이라면 부모도 살아나고 자식도 살아나야 합니
다. 남편도 살아나고 아내도 살아나야 합니다. 온 가족이

살아나면 그 가정은 보살도菩薩道를 실천하는 가정으로, 가족 모두가 불국토 속에서 살 수 있게 됩니다.

그럼 '살아난다'는 것이 무엇인가? '향상한다'는 것입니다. '깨닫는다, 깨어난다, 살려 간다'는 것입니다.

보살의 자리이타행은 모두가 살아나는 삶입니다. 누구는 희생되고 누구는 살아남는 식의 사랑이 아닙니다. 서로가 서로를 살리고 깨어나게 하는 것! 이것이 보살의 사랑이요 보살의 길입니다.

보살의 상구보리上求菩提

그럼 서로가 서로를 살리는 자비를 온전히 실천하기 위해서는 어떻게 해야 하는가? 위로는 깨달음을 구하는 '상구보리上求菩提'를 해야 합니다. 끊임없이 깨달음을 구하여 향상의 길로 나아가야 합니다.

향상向上의 길! 어떻게 하는 것이 향상의 길로 나아가는 것인가? 이에 대해 신라의 원효元曉스님께서는 '귀일심원歸一心源하라'고 하셨습니다.

"일심一心의 원천源泉으로 돌아가라." 〔歸一心源〕

우리는 누구나 일심을 가지고 있습니다. 나에게도 너에게도 일심이 있고, 부처님도 원효스님도 일심을 가지고 있습니다. 그러나 이 일심은 개별적인 일심이 아닙니다. 이 대우주법계 전체의 일심입니다. 사람마다 다른 일심이 아니라, 누구에게나 똑같이 있고, 이 대우주법계에 가득 차 있는 일심입니다.

원효스님께서는 우리 모두의 근원인 그 일심으로 돌아가자고 강조하셨으며, 귀일심원하는 존재가 보살이라고 하셨습니다.

진정 우리가 참다운 보살이 되려면 근원인 일심으로 돌아가는 노력을 끊임없이 기울여야 합니다. 타락하는 삶이 아니라 우리의 원천인 일심으로 되돌아가는 삶, 향상하는 삶을 살아야 합니다.

그리고 우리는 이 공부를 자꾸 해야 합니다. 과연 그 공부가 무엇인가? 자리이타행을 실천하고 서로를 살리는 보살행·경전공부·참선·염불·참회·기도·인욕행 등이 그것입니다.

이러한 공부들을 부지런히, 꾸준히, 자꾸자꾸 하다 보면 보살의 지위에 들어서서 저절로 자리이타의 삶을 살 수 있게 되고, 마침내는 일심인 마하반야바라밀다심으로 돌아가 대우주법계를 남김없이 꿰뚫어 보는 대지혜의 관자재보살, 뭇 생명 있는 자들을 살리는 대자비의 관세음보살 될 수 있게 됩니다.

결국 반야심경의 설주이신 **관자재보살**은 다른 분이 아닙니다. 우리의 원천인 일심이 되신 분입니다. 대법계의 **마하반야바라밀다심**을 회복해 가진 분입니다.

자, 과연 우리가 어떻게 해야 관이 자재하고 관세음 하는 보살이 될 수 있을까요? 그 초점은 행심반야바라밀다에 있습니다.

2. 행심반야바라밀다

행심반야의 행行과 심深

대지혜의 관자재보살! 대자비의 관세음보살! 그분은 얼마나 큰 행을 하셨기에 그토록 크나큰 지혜와 자비를 갖추게 된 것일까?

바로 **행심반야바라밀다**行深般若波羅蜜多! 깊은 반야바라밀다의 행을 닦았기 때문입니다. 그래서 일체의 진실한 모습을 마음으로 꿰뚫어 보는 '관자재'를 이루었고, 세상의 소리를 자유자재로 듣는 '관세음'이라는 능력을 갖추셨습니다.

그럼 '깊은 반야바라밀다를 행한다' 함은 무엇인가? 바로 자아自我가 본래 없다는 '오온개공五蘊皆空'을 체득하는 수행법이요, 일심一心을 체득하는 수행법입니다. 바꾸어 말하면, '행'은 '향상向上의 길로 나아가는 보살의 수행'입니다.

향상의 길로 나아가는 보살의 행行은 자각각타自覺覺他

의 행, 자리이타自利利他의 행입니다. 나도 깨닫고 남도 깨
닫게 하는 행, 나와 남이 함께 이로운 행을 실천하는 것
입니다. 더 구체적으로 이야기하면 나의 아상을 깨뜨리는
수행, 이 대우주법계 전체와 하나가 되는 수행, 마하심을
회복하고 반야를 발현하고 바라밀다를 이루는 수행을
하는 것입니다.

부처님께서는 이 반야바라밀다행으로 육바라밀·십바
라밀 등을 설하셨습니다. 육바라밀은 보시布施·지계持
戒·인욕忍辱·정진精進·선정禪定·지혜智慧바라밀이고, 십
바라밀은 육바라밀에 방편方便·원願·력力·지智바라밀을
더한 것인데, 이 열 가지가 바로 반야바라밀을 성취할 수
있게끔 하는 실천행들입니다.

그런데 왜 '행반야바라밀다'라 하지 않고 **심深** 자를 넣
어 '행심반야바라밀다'라고 한 것일까?

학계에서는 '깊다〔深〕'라는 형용사를 붙인 까닭이 반야
바라밀이 단순한 지혜만의 바라밀이 아니라는 것을 나타
내기 위함이라고 설명하고 있습니다.

곧 관자재보살께서 실천하신 반야바라밀이 보살의 근
본 수행덕목인 보시·지계·인욕·정진·선정·지혜의 육바
라밀과 방편·원·력·지의 넷을 더한 십바라밀을 모두 포
함하고 있는 것임을 나타내기 위해 심深 자를 붙였다고

합니다.

이를 더욱 확대시키면 심深 자 속에 육바라밀·십바라밀 뿐만이 아니라 보살의 만행萬行, 보살의 모든 생활이 다 포함된다는 것을 알아야 합니다.

그리고 한 걸음 더 나아가서 보면, '깊다(深)'는 말속에 는 '아주 열심히·정성껏·지극히 마하반야바라밀다심을 찾아 들어간다', '주객을 넘어서서 본질을 찾고 근원을 찾아 깊이깊이 들어간다'는 뜻이 간직되어 있습니다.

흔히 불교에서는 '마음속 깊이 들어가 보라', '일심의 근 원으로 들어가라'는 이야기를 합니다. 이렇게 밖이 아니 라 마음속으로 깊이깊이 찾아 들어가면 마침내 근원에 도달할 수 있다는 것이며, 이렇게 깊이 찾아 들어가는 공 부를 '삼매를 이루는 공부'라고 합니다. 이렇듯 끝까지 찾아 들어가는 것을 나타내기 위해 심深 자를 쓴 것입니다.

그런데 '깊이 들어간다'는 것을 하늘 쪽에 대입시키면 '높이 올라간다'는 것과 통합니다. 곧 감각적이고 표면적 인 마음이 아닌 깊은 마음속으로 들어가면 들어갈수록 높은 경지에 올라서게 되는 것이고, 일심의 근원으로 들 어가면 갈수록 높이 올라가 욕계 6천天, 색계 18천, 무색 계 4천 등의 28하늘을 차례로 넘어서서 마침내 부처님의 지위에 오르게 되는 것입니다.

따라서 생활 속에서 늘 마하반야바라밀다심을 깊이깊이 생각하고 마음에 두어 내 수행의 중심을 이루게 되면 차츰차츰 높은 경지에 오르게 되고, 마침내는 마하반야바라밀다심을 체득하여 부처님이 된다는 것을 알 수 있습니다. 한번 마음속으로 염하여 보십시오.

"높이 오르고자 하면 깊이 들어가라!"

삼종반야와 행심반야

이제 행심반야바라밀다의 '반야般若'에 대해 삼종반야三種般若의 입장에서 다시 한번 이야기하고자 합니다. 이 삼종반야는 반야를 깊이에 따라 분류한 것으로, 실상반야·관조반야·문자반야가 그것입니다.

실상반야實相般若는 제법실상諸法實相을 가리킵니다. 원래부터 갖추고 있는 마하반야바라밀다심으로, 나지도 멸하지도 않고 더럽혀지지도 더 깨끗해지지도 않으며, 늘지도 줄지도 않는 대우주법계의 참되고 한결같은〔眞如〕 모습입니다. 이름 지을 길도 모양 그릴 길도 없으며, 볼 수도 들을 수도 냄새도 맛도 감촉도 없습니다. 하지만 언제나 생명의 빛을 발하고 또렷이 깨어 있어, 볼 줄 알고 들을 줄 알고 느낄 줄 알고 반응할 줄 아는 우리 모두의 진짜 본성입니다.

관조반야觀照般若는 실상반야를 되비추어 보는 것입니다. 관조! 어떻게 관조하라는 것인가? 눈이 원하고 귀가 원하고 코가 원하고 혀가 탐하고 몸이 좋아하는 것을 좇아가지 말고, '나'의 실상, 불생불멸의 마하반야바라밀다심을 관조하라는 것입니다.

곧 일어나는 번뇌망상을 좇아가는 것이 아니라, 실상반야의 빛을 되돌려 밖으로 향하는 번뇌망상을 끊고 실상반야의 자리로 되돌아갈 수 있도록 하는 것이 관조반야입니다. '나'의 마하반야바라밀다심을 비추어 보고 되돌아보고 점검하는 것. 그것이 관조반야인 것입니다.

문자반야文字般若는 글자 등으로 표현한 반야입니다. 곧 성현들께서 관조반야를 하여 실상반야를 체험한 경험을 문자로 옮겨 놓은 것으로, 반야심경·금강경·유마경·법화경·화엄경 등의 경전이 그것입니다.

마하반야바라밀다심을 체득하고자 하는 우리는 실상·관조·문자의 세 가지 반야에 의지하여야 합니다. 문자반야를 통하여 실상반야의 세계를 알고, 실상반야를 증득하기 위해 끊임없이 '나' 속의 번뇌망상과 이기심을 다스리며 관조반야를 닦아야 합니다. 이렇게 할 때 우리는 마하반야바라밀을 성취할 수 있습니다.

따라서 이 세 가지 반야는 하나같이 수행하는 우리에게 소중한 것입니다. 그런데 선종이 강한 우리나라에서는 이 세 가지 반야 중에서 실상반야를 중요시하는 반면 문자반야를 별것 아닌 것처럼 여기는 경우가 왕왕 있습니다.

하지만 중생인 우리는 문자반야를 소홀히 해서는 안 됩니다. 우리들에게 있어 반야행의 첫걸음이 문자반야요, 의지할 것이 문자반야 밖에 없기 때문입니다. 그러므로 반야심경·금강경·유마경·법화경·화엄경 등의 문자반야를 배워야 합니다.

문자반야를 익히는 것. 이것이 첫 단계입니다. 그다음에 관조를 해야 합니다. 경을 보고 배운 문자반야, 설법을 통하여 배운 문자반야를 '나'의 것으로 만드는 관조의 시간을 꼭 가져야 합니다.

옛날 부처님께서는 제자들과 문답식 법문을 하여, 묻는 이가 반드시 부처님의 말씀을 사색하고 이해하게 한 뒤에 그다음 법문으로 나아갈 수 있도록 하였습니다. 또 모든 법문이 끝난 다음, 제자는 다시 그 법문을 관조하여 완전히 자기의 것으로 만들었습니다.

그리고 현재 태국·미얀마 등의 남방불교에서는 대중이

모여 큰스님으로부터 30분 법문을 들으면, 그 법문을 명상하는 관조의 시간을 30분 정도 갖고 있습니다. 법문을 들은 그 자리에서 큰스님께서 설법하신 내용을 '나'의 것으로 만드는 것입니다.

그런데 우리나라 법회에서는 법문 후 공지사항과 사홍서원을 한 다음 뿔뿔이 흩어지기 바쁩니다. 어찌 법문이 오래 남을 수 있으며, '나'의 것이 될 수 있겠습니까?

문자반야인 귀중한 법문을 관조하는 시간! 이제 우리도 큰스님의 주옥같은 법문을 그 자리에서 새겨보는 시간을 만듭시다. 단 5분·10분이라도 관조의 시간을 갖게 되면 우리 모두의 공부에 반드시 큰 진척이 있게 됩니다.

잊지 마십시오. 3층 누각에 올라서서 경치를 보기를 원한다고 하여 허공에다 3층만을 지을 수는 없습니다. 1층과 2층을 꼭 지어야 합니다, 3층 실상반야가 목표라면 2층인 관조반야도 1층인 문자반야도 꼭 있어야 합니다.

모름지기 마음을 모아 경전을 읽고 법문을 들어 문자반야를 습득하고, 그 문자를 관조하여 '나'의 것으로 만들면서 생활화하다 보면, 어느 순간에 문득 실상반야를 증득하여 대반야 속에서 대자재와 대행복을 누리며 살 수 있게 됩니다.

수행은 첫걸음이 발라야 하고, 공부는 한 단계 한 단계

정확히 해야 합니다.

행심반야바라밀다! 깊은 반야바라밀다를 생각하고 실천할 때 오늘의 이 자리가 깨어납니다. 관자재보살께서 행심반야 하여 바라밀에 이르렀고 일체의 고액을 벗어 버렸듯이….

행심반야바라밀다. 반야를 닦고 깊은 반야를 실천하는 것은 결코 어려운 일이 아닙니다. 우리의 생각부터 열심히·정성껏·성실하고·깊이 있게 가꾸면 됩니다.

반야바라밀을 성취하기 위해 지금 우리에게 진실로 필요한 것은 '조금 더 제대로 노력해 봐야지' 하는 의지입니다. 달리 말하면 내가 나 스스로를 깊이 있게 만드는 것입니다. 내가 나를 깊이 있게 들여다보고, 내가 나를 다스려 적절하게 살고 적절하게 닦아 가는 것! 그것이 행심반야바라밀다의 삶입니다.

그러므로 '나'의 생활이나 가정사 등의 삶 속에서 '행심반야바라밀다'로 임하여야 합니다. 열심히·정성껏·성실하고·깊이 있게 임하여서 행심반야바라밀다가 되면 모든 것이 다 해결됩니다.

부디 행심반야바라밀다를 생활화하여 대지혜·대자비·대평화·대행복의 빛을 발하는 진정한 주인공이 되기를 축원 드립니다.

3. 조견오온개공

조견照見

관자재보살님처럼 깊은 반야바라밀다를 체득하여, 대지혜·대자비·대평화·대행복의 빛을 발하는 진정한 주인공이 되기 위해서는 무엇에 초점을 맞추어 공부를 해야 하는가?

이에 대해 반야심경에서는 **조견오온개공**照見五蘊皆空, '**오온이 모두 공**空**함을 비추어 보라**'고 하였습니다. 그리고 오온의 공함을 비추어 보면 **도일체고액**度一切苦厄, '일체의 괴로움[苦]과 재앙[厄]을 모두 해탈[度]하여 대자유와 대행복을 이루게 된다'고 하셨습니다.

이제 이 구절의 첫 단어인 '**조견**照見'부터 함께 살펴보도록 합시다.

'비추어 본다'는 뜻을 지닌 조견은 앞에서 살펴본 관조반야의 '**관조**觀照'와 같은 뜻이며, 한 글자로 줄이면 관자재보살의 첫 음인 '**관**觀'이 됩니다.

조견·관조·관.

『불지경佛地經』에서는 이를 통해 '화합일미和合一味를 수용한다'고 하였습니다. 관하고 조견하여 '한 맛에 화합하게 된다'는 것입니다.

일미一味. 불교에서는 일미를 설명할 때 바닷물에 많이 비유합니다. 수많은 물들이 바다에 이르면 한 맛을 이루기 때문입니다.

수많은 강의 물맛은 모두가 다릅니다. 우리나라 안에도 한강의 물맛이 다르고, 낙동강의 물맛이 다르고, 금강의 물맛이 다르고, 섬진강의 물맛이 다릅니다. 산에서 흐르는 계곡의 물맛이 다르고, 시가지를 끼고 도는 하천의 물맛이 다르고, 큰 강의 물맛이 다릅니다.

하지만 이 물들은 흘러 흘러 결국 바다에 이르게 되고, 바다에 이르면 하나의 맛을 이룹니다.

물맛만이 아닙니다. 흘러가는 물의 양이 다르고 흘러가는 속도가 다릅니다. 그러나 바다에 이르면 모든 차별이 사라집니다. 그야말로 하나의 바다가 되는 것입니다.

우리 또한 마찬가지입니다. 생활 속의 불법 수행을 통하여 꾸준히 관하고 비추어 보면 마침내 바다와 같은 일미를 증득하게 됩니다. 바꾸어 말하면 번뇌망상과 이기심 가득한 '나'가 아니라, 참되고 한결같은 대우주법계의 일미를 체득하게 된다는 것입니다.

어떻게 하여야 바다와 같은 일미, 대우주법계의 일미를 체득할 수 있는가?

'오온이 모두 공하다는 것을 잘 비추어 보라'고 하셨습니다. 오온개공五蘊皆空임을 잘 살피고 꿰뚫어 볼 수 있게 되면 바다와 같은 일미, 대법계의 일미를 체득할 수 있게 된다는 것입니다.

오온五蘊

그럼 '공空하다'고 비추어 보아야 할 **오온五蘊**이란 무엇인가?

오온의 **온蘊**은 범어로 '스칸다Skandha'라고 합니다. 스칸다는 '모아서 쌓았다'는 뜻인데, 구성요소構成要素라고도 번역합니다. 그 구성요소가 색色·수受·상想·행行·식識의 다섯 가지로 구분되므로 '오온'이라고 하며, 부처님께서는 이 다섯 가지 구성요소가 모이고 쌓여서 우리들 주위의 모든 것이 형성된다는 것을 꿰뚫어 보셨습니다.

이제 오온의 하나하나를 살펴봅시다.

오온의 첫 번째인 색色은 '물질'이라 많이 번역합니다. 색의 범어는 '루파rūpa'인데, ① '루프rūp+아a'와 ② '루rū+파pa'의 두 가지로 풀이합니다.

① 의 루프rūp는 '모양을 만든다·형성한다'는 뜻을 지닌 단어로, 그 뒤에 명사형인 아a를 붙이면 '만들어진 것·형태가 있는 것'이라는 뜻을 지닙니다.

② 의 루rū는 '파괴된다'는 말이며, 뒤에 파pa가 붙어 '파괴되게끔 되어 있는 것, 사라지게끔 되어 있는 것'이라는 뜻이 됩니다.

이러한 색色을 '나'에게 적용시키면, 감각기관인 육근六根 중에서는 의意(마음)를 제외한 눈〔眼〕·귀〔耳〕·코〔鼻〕·혀〔舌〕·몸〔身〕이 모두 색에 속합니다. 그리고 감각기관〔六根〕의 대상이 되는 육경六境 중에서 법法(마음의 대상)을 뺀 모양〔色〕·소리〔聲〕·냄새〔香〕·맛〔味〕·감촉〔觸〕 모두가 오온의 첫째인 색에 속합니다.

결국 눈·귀·코·혀·몸뿐만 아니라, 모양과 소리와 냄새와 맛을 가진 것들, 감촉을 느낄 수 있는 것들 모두가 색입니다. 우리의 육신은 물론이요, 집과 땅, 나아가서는 우주 전체가 색인 것입니다.

두 번째의 수受는 색色과 색이 부딪힐 때 생겨나는 감수작용입니다. 곧 눈·귀·코·혀·몸이 모양·소리·냄새·

맛·감촉을 만났을 때 받아들이는 '단순한 느낌'이 수受입니다.

눈으로 무엇을 보고 귀로 어떤 소리를 듣고 코로 어떤 냄새를 맡고 혀로 어떤 맛을 보고 몸에 닿는 감촉을 느끼는 것에서부터 시작하여, 그 대상들에 대해 '아, 좋다〔好〕·싫다〔惡〕·무감각하다〔平等〕'는 등의 느낌이 생겨나는 것까지가 수입니다.

눈으로 모양을 볼 때 '예쁘다'거나 '보기 싫다'거나 아무런 느낌 없이 바라보는 것, 귀로 소리를 들을 때 '듣기 좋다'·'듣기 싫다'·'상관없는 소리'로 느끼는 것이 수인 것입니다.

이러한 수受는 '나'에게서 출발합니다. '나'에게 맞으면 좋고〔好〕, '나'에게 맞지 않으면 싫어합니다〔惡〕. 그리고 '나'와 상관이 없으면 아무런 동요가 없는 평등한 감정을 갖게 되고〔平等〕, 평등한 감정을 갖게 되면 더 이상의 과정으로 옮겨가지 않습니다.

그러나 평등이 아니라 좋고 나쁨이 있게 되면 세 번째의 온蘊인 상想으로 옮겨 갑니다. 좋을 때는 욕심을 일으키고, 나쁠 때는 멀리하고자 합니다.

그리고 욕심을 일으켜 취하고자 할 때는 별별 생각을 다 하게 됩니다. '어떻게 하면 나의 뜻대로 이룰 수 있을

까? 이렇게 할까? 저렇게 할까?'

반대로 싫을 때는 '어떻게 하면 피하고 멀리할 수 있을까?'를 생각하고 궁리합니다. 이것이 상입니다.

곧 다가온 대상을 좋고 나쁜 느낌을 따라, 취하거나 피하기 위해 요모조모 따지면서 여러 가지로 궁리하는 상상과 공상과 망상들 모두가 상想에 속합니다.

이러한 상을 통하여 생각이 구체화되면 마침내 네 번째인 行行으로 옮아갑니다. 뜻(意)으로 '그래 이렇게 하자'거나 '하지 않겠다'는 결론을 맺는 것부터 시작하여, 입(口)으로 갖가지 말을 내뱉는 것, 몸(身)으로 여러 가지 행동을 하는 것이 다 행에 속합니다. 곧 신身·구口·의意로써 업業을 짓는 것이 행行입니다.

이러한 '수 → 상 → 행'의 세 단계를 예를 들어 다시 한 번 정리해 보겠습니다..

한 여인이 쇼핑센터에 갔다가 옷을 한 벌 보았습니다. 이렇게 눈으로 옷을 보는 것이 수受의 시작입니다. 감수작용, 받아들였다는 것입니다. 그 순간 '저 옷 참 멋있네·마음에 안 들어·무감각'하게 느끼는 것까지가 수受입니다. 따라서 옷의 경우에는 마음에 들지 않거나 무감각하게 보게 되면 상想으로 발전하지 않습니다.

하지만 그 옷이 예쁘고 마음에 들 경우에는 想상을 하게 됩니다. 머리로 생각을 굴리게 되는 것입니다.

'저 옷이 나에게 어울릴까? 입으면 멋있을 거야. 가족들이 잘 샀다고 할까? 아마 신데렐라 같다고 할걸? 그렇지만 하루만 더 생각을 해보자.'

그리고 집으로 돌아와 그 옷에 대해 더 생각을 합니다. 이렇게 머릿속으로 여러 가지 생각을 하고 갈등을 하고 애착을 갖는 것이 想상입니다.

그리하여 마침내는 行행으로 옮깁니다. '옷은 좋지만 너무 비싸다. 사지 말자'고 결심하는 것도 행이요, '틀림없이 나에게 잘 어울릴 거야. 꼭 사야지.' 이렇게 결론을 맺고 옷을 사는 것까지가 行행입니다.

다시 한번 정리를 하면, 受수는 감수작용으로, 보고 듣고 냄새 맡고 맛보고 접촉을 하는 가운데 '좋다·나쁘다' 등을 느끼는 것입니다.

想상은 받아들인 것에 구체적으로 반응하는 표상작용表象作用으로, 이 생각 저 생각을 하며 공상空想·망상忘想·상상想像의 나래를 펴는 것을 가리킵니다.

行행은 생각을 완전히 정리하는 것에서부터 구체적인 행위를 하는 것까지를 뜻합니다.

이렇게 하여 '색 → 수 → 상 → 행'의 과정을 거치고 나면 경험한 일에 대한 인식능력이나 관념이 자리를 잡게 되는데, 이것이 바로 識식입니다.

옷으로 계속 식의 예를 들겠습니다. 입으면 너무 멋있을 것 같아 비싼 값을 치르고 옷을 사서 입었는데 가족들이 보더니, '어울리지 않아요. 그런 옷을 왜 그만한 돈을 주고 사요?' 하는 말에 후회를 하고, '이러한 옷은 가족들이 좋아하는 스타일이 아니구나. 다음부터는 사지 않아야지' 하는 생각을 가지게 됩니다.

이것이 識식입니다. '나' 스스로가 결론을 맺어 내 나름대로의 인식능력을 가지는 것, 겪은 경험을 통하여 그 일에 대한 관념과 집착을 만들어내는 것, 이것이 識식입니다.

이 식을 범어로는 비즈냐vijña라고 합니다. 비vi(분별)+즈냐jña(아는 것), 곧 분별지分別知입니다.

색 → 수 → 상 → 행의 과정을 거쳐 생겨난 분별지는 '나' 속에 잠재하고 있다가, 눈·귀·코 등이 모양·소리·냄새 등을 다시 접촉하게 될 때 마음 밑바닥에서 나름대로 분별하고 조정하는 '나'의 판단능력으로 작용을 하게 됩니다. 그리하여 '나'의 주관적인 생각(관념)을 더욱 두텁게 만들어 버리는 것이 識식입니다.

이 색→수→상→행→식이라는 오온의 과정을 끊임없이 반복하여 식識이 점점 더 강해지게 되면, 대상을 '있는 그대로' 보려 하지도 않고 남의 말을 그대로 받아들이지도 않습니다. 내가 경험한 '식의 색안경'을 끼고 대상을 보게 되고, '나의 관념'을 고집하면서 남의 말을 받아들이게 됩니다.

곧 대상을 있는 그대로 받아들이지 못하고 스스로가 만들어 낸 '자아'를 통하여 한정되게만 받아들입니다. 따라서 이와 같은 식인 분별지가 발달하면 발달할수록 아상我相이 높아지고 편협해질 수밖에 없습니다.

오온개공五蘊皆空

이제 이 오온을 자세히 관찰해 보십시오. 색·수·상·행·식은 어떠한 것입니까? 때가 되면 사라지게끔 되어 있는 것이요, 흘러가는 것들입니다. 매 순간을 '나'와 관련지으며 끊임없이 흘러가고 있을 뿐입니다.

흘러가는 색·수·상·행·식의 오온에는 고유한 실체가 없습니다. 특별한 본성이 없습니다. 어느 하나도 영원하지 않습니다. 그야말로 무상한 것이요 끊임없이 변하는 것이며, 쉼 없이 흘러가는 물질적 정신적인 현상일 뿐입니다. 감각기관과 대상의 부딪힘 속에서 실체가 없는 수·상·행·식의 과정이 꼬리를 물고 계속 일어날 뿐입니다.

그래서 반야심경에서는 '공空'자를 써서 **오온개공五蘊皆空**이라고 한 것입니다.

공空! 과연 공이 무엇입니까? 사람들은 이 공을 매우 특별한 것으로 생각하는데, 이 공은 어려운 말이 아닙니다.

"어떠한 것도 영원히 변하지 않는 것은 없다. 늘 변하고 있고, 마침내는 없어지고 만다."

곧 고유한 실체가 없다는 것을 공이라는 단어로 표현한 것입니다.

'다 변하고 사라지는 나와 주변의 모든 것은 실체가 없다'는 것이 공의 본래 의미요, 이것을 인정하는 것이 반야사상이며, 오온이 공함을 환히 보고 아는 이가 관자재의 지혜인입니다.

그런데도 지혜롭지 못한 우리는 고유한 실체 없이 흘러가는 이 오온의 현상에 집착하여 벗어나지를 못합니다. 이 오온을 '나'로 삼고, 그 '나'를 놓아버리지 못합니다.

따라서 평범한 인간인 '나'는 오온의 삶에서 벗어나지

를 못합니다. '나'의 몸인 색과 '나'의 정신세계인 수·상·행·식에 얽매여 살아갑니다. 갈수록 받아들이고 싶은 것만 받아들이고[受], 생각하고 싶은 것이나 나에게 유리한 것들만을 생각하면서[想], 욕망을 좇아 행동하고[行], 자신의 수·상·행들을 '나'에게 맞게 합리화시킵니다[識].

그리하여 실체가 없는 무상한 오온에 집착하고, 그 오온을 '나'라고 고집하며 살아갑니다. 색을 나의 육체로 삼고, 수·상·행·식을 나의 정신으로 삼아….

바꾸어 말하면 이 오온의 과정이 거듭거듭 반복되고 쌓여서 생겨난 것이 우리가 '지금의 나'로 삼고 있는 자아自我입니다.

그런데 문제는 고유한 실체 없이 흘러가는 오온의 현상에 집착하여 자아를 더욱 두텁게 만들 뿐 벗어나지를 못한다는 데 있습니다. 과연 그 결과가 무엇이겠습니까?

실체도 없는 자아를 고수하고, '나'만의 물질적·정신적인 세계에 집착을 하면 그 결과는 괴로움[苦]일 뿐입니다. 재앙[厄]과 불행만이 닥칠 뿐입니다. 그야말로 '일체고액一切苦厄'이 함께하게 됩니다.

4. 도일체고액

일체고액—切苦厄

도일체고액度一切苦厄의 고苦를 부처님께서는 8고八苦와 3고三苦로 정의하셨습니다. 이 중 8고八苦는 불자들이 익히 알고 있는 다음의 여덟 가지입니다.

① 태어나는 것은 괴롭다〔生苦〕

② 늙는 것은 괴롭다〔老苦〕

③ 병이 들면 괴롭다〔病苦〕

④ 죽는 것은 괴롭다〔死苦〕

⑤ 미운 이와 만나면 괴롭다〔怨憎會苦〕

⑥ 사랑하는 이와 헤어지면 괴롭다〔愛別離苦〕

⑦ 구하는 것을 얻지 못하면 괴롭다〔求不得苦〕

⑧ 오음이 치성하면 괴롭다〔五陰盛苦〕

이상의 8고 가운데 보통 사람이 느끼는 괴로움은 ① 에서 ⑦ 까지입니다. 그런데 부처님께서는 ⑧ 오음성고를 특별히 말씀하셨고, 이 오음성고를 근원적인 괴로움으로 보셨습니다.

이 오음성고의 '오음五陰'은 오온五蘊과 같은 뜻의 단어입니다. 따라서 '⑧ 오음이 치성하는 것이 고'라는 말씀은, '색·수·상·행·식의 과정을 반복하며 스스로가 모으고 쌓아서 만들어낸 자아自我(나) 자체가 괴로움 덩어리'라는 뜻이 됩니다. 이 얼마나 고苦에 대한 근원적인 가르침입니까?

3고三苦는 고고苦苦·괴고壞苦·행고行苦의 셋입니다.

① 고고苦苦는 육체적인 고통 때문에 생기는 괴로움입니다. 춥고 덥고 배고프고 목이 마르고 아픈 경우 등, 몸이 저절로 느끼는 괴로움입니다. 바로 '몸이 괴로우니까 괴롭다'고 하는 것이 고고입니다.

② 괴고壞苦는 '나'의 몸이 아니라, '나'의 환경이나 신분의 변화 때문에 생기는 괴로움입니다. 사업이 망하거나, 높은 자리에 있던 사람이 쫓겨나거나, 의지하고 사랑하던 사람이 죽는 등의 변화로 인해 순경順境에서 역경逆境으로 전락할 때 받는 괴로움입니다.

③ 행고行苦는 당연하게 괴롭다고 느끼는 고고나 괴고

와는 약간 다릅니다. 행고의 행行은 '변천하며 흐른다'는 뜻을 지닌 단어로, 이 세상의 모든 것은 변화무상하게 흘러가는 것이기 때문에 근원적으로 괴로움을 간직하고 있다는 것입니다.

사실 이 세상의 모든 것은 잠시도 가만히 있지를 않습니다. 모든 것은 끊임없이 변화하고 있으며, 모든 것 속에서 사는 우리 인간 또한 쉼 없이 흘러갑니다. 태어난 사람은 반드시 죽어야 하고, 젊은 사람은 반드시 늙어야 합니다. '나'를 비롯한 모든 것은 끊임없이 변화하고 언젠가는 사라지게끔 되어 있습니다.

그야말로 제행諸行은 무상無常한 것이요, 이와 같은 세상에 사는 우리 또한 흘러 변화하게끔 되어 있습니다. 그래서 행고行苦라 하는 것입니다.

그리고 일체고액의 '액厄'은 갑자기 찾아오는 재앙이나 불행을 뜻합니다.

도일체고액은 조건오온개공에서

그럼 어떻게 하여야 **도일체고액度一切苦厄**(이때의 도度는 건너간다·해탈한다는 뜻), 3고·8고나 갑자기 닥치는 재앙이나 불행으로부터 벗어날 수가 있는가?

반야심경에서는 '조견오온개공照見五蘊皆空'이라고 분명히 설하셨습니다.

'공空! 비었다. 오온이 다 비었다. 색·수·상·행·식이 육체와 정신, 물질세계와 정신세계의 흐름일 뿐, 고유한 실체가 없다. 알맹이가 없다. 빈 것이다.'

이렇게 비추어 보아야 모든 고액을 벗어난다고 하였습니다.

오온개공五蘊皆空.

이 오온개공은 '고집할 만한, 고유한 나가 없다, 무아無我다.' 이것을 깨달으라는 가르침입니다. 부처님 가르침의 핵심인 무아를 터득하라는 것입니다. 이를 깨닫고 터득하면 일체고액을 해탈(度)하게 됩니다.

그리고 '조견오온개공 도일체고액'을 불교의 다른 교리에 대입시키면 삼법인三法印이 됩니다. 제행무상諸行無常·제법무아諸法無我·열반적정涅槃寂靜의 삼법인을 달리 이야기한 것이 '조견오온개공 도일체고액'입니다.

제행무상諸行無常은 '모든 것은 흘러간다. 흘러가는 것은 덧없이 변한다는 것을 알아라'는 가르침입니다. 흘러가고 덧없는 것을 긍정하라는 가르침입니다.

만물과 함께 나는 흘러갑니다. 오온의 과정을 거치면서 끊임없이 변화하고 죽음을 향하여 흘러갑니다. 어찌 이러한 우리가 무상하지 않겠습니까?

이 무상을, 덧없이 변화함을 긍정할 때 우리는 발심發心을 할 수 있습니다. 도심道心을 발할 수 있습니다. 무상한 꿈에서 완전히 깨어나고자 하는 마음인 '보리심菩提心'을 발할 수 있습니다. 진정한 향상의 마음을 발할 수 있습니다.

그런데 향상을 하여 큰 도道를 이루고 무상의 꿈에서 완전히 깨어나고자 하면, 조견오온개공하여 삼법인의 두 번째인 제법무아諸法無我를 체득해야 합니다.

"모든 것에는 고유한 나가 없다. 색·수·상·행·식의 오온에는 나가 없다. 무아다. 나라는 고집할 만한 실체가 없다(공). 무아임을 알아라. 나는 원래 무아다."
이 제법무아의 진리를 깨우치게 하고자 반야심경에서는 **오온개공을 조견하라**고 한 것입니다.

우리의 부처님께서는 삼법인을 통하여 분명히 선언하셨

습니다. 제행무상이요 제법무아임을 확실히 체득하면 열
반적정涅槃寂靜에 이른다고!

번뇌와 괴로움의 불이 완전히 꺼져, 지극히 고요하고 행
복하고 평화로운 상태인 열반적정. 이 열반적정이 바로
도일체고액度一切苦厄입니다.

제행무상·제법무아·열반적정의 삼법인. 이 셋 중 중심
에 있는 것은 제법무아입니다. 곧 무아를 꼭 체득해야만
무상한 삶에서 벗어나 열반적정의 자리에 머무를 수 있게
된다는 것이 삼법인의 가르침입니다.

실로 **조견오온개공**照見五蘊皆空은 '내가 내세우고 있는
지금의 이 나(自我)는 본래 없다'는 무아와 오온개공의 진
리를 체득하면, 일체고액을 모두 벗어나 부처님의 경지인
열반적정에 안주하게 되고, 능히 대해탈의 마하반야바라
밀다심을 회복하게 됨을 일깨워주고 있다는 것을 확고히
마음에 담아야 합니다.

오온개공을 체험하자

이제부터 우리 불자들은 오온이 공함을 비추어 보려는 〔照見五蘊皆空〕 노력을 놓아버려서는 안 됩니다. 오온이 공함을 자꾸자꾸 비추어 볼 때 오온, 곧 '나' 때문에 파생되는 모든 연緣의 결박에서 벗어나 행복하고 평화로운 삶을 이룰 수 있기 때문입니다〔度〕.

그러므로 이 시간 이 공간 속에서 모든 집착을 비우고 또 비우며 살아야 합니다. 특히 '나'에 대한 집착을 비우며 살아야 합니다. 사사로운 감정을 품지 않고 욕심마저 비워, 마음의 부담이나 구속 없이 살아야 합니다.

그리고 그릇된 색·수·상·행·식을 비운 마음으로 보시布施·지계持戒·인욕忍辱·정진精進·선정禪定·반야般若의 육바라밀을 실천하여, 오온을 좋은 방향으로 쓰고 가치 있게 만들어야 합니다. 이렇게만 하면 오온의 공함을 체험한 사람으로 살아갈 수 있습니다.

이제 오온의 흐름 속에서 발버둥을 치며 살지 맙시다. 입으로는 '조견오온개공하여야 일체고액을 벗어날 수 있다'고 큰소리치면서, 오온공五蘊空을 체험하려는 노력도 생각도 하지 않는 사람이 되어서는 안 됩니다.

물론 불자라면 체험을 하고자 한두 번은 시도를 해보

았겠지만, 마음처럼 되지 않다 보니 포기를 하였을 것입니다.

그렇습니다. 어찌 비우기란 쉬운 일이겠습니까? 하지만 오온을 비우지 못하고 '나'에 집착하면 언제나 그것으로 인한 걱정과 근심 속에서 살아야 하고, 거기에서 파생되는 고액苦厄으로부터 벗어날 수가 없습니다.

그러므로 마음을 다잡고 비워가야 합니다. 자꾸자꾸 색·수·상·행·식의 오온이 모두 공하다는 것을 조견하게 되면 일체고액에서 벗어날 수 있습니다. 번뇌망상을 좇아가는 마음을 다잡아 육바라밀을 닦으면서 부지런히 '나'의 집착을 비우는 노력을 해나가게 되면 현재의 망상연妄想緣에서 벗어날 수 있습니다. '수 → 상 → 행 → 식'의 표류에서 벗어날 수 있습니다.

정녕 고유한 실체 없이 흘러가는 것은 놓아버릴 줄 알아야 합니다. 그렇지 않으면 번뇌망상 속으로 더욱 깊이 빠져들어, 끝내 괴로움의 바다에서 벗어날 수 없게 되고 맙니다. 특히 마음속의 번뇌와 망상이 깊어지면 참으로 무거운 고통을 안고 살게 됩니다.

물에 뜬 거품 같은 망상이 금생의 삶뿐만 아니라 내생까지 바꾸어 놓는다는 것을 잊지 마십시오.

실로 이 세상에는 무서운 것이 많이 있지만, 가장 무서운 것은 망상입니다. 우리를 고난 속으로 빠뜨리는 것도 수없이 많지만, 지나친 망상 속에 빠져 살 때가 가장 괴롭습니다. 물에 뜬 거품과도 같은 망상. 이 망상이 깊어져서 고집으로 바뀌면, 그 망상은 쇠사슬보다 더 강하게 우리를 동여맵니다.

그러므로 우리는 망상을 비워버려야 합니다. 색·수·상·행·식 중에서 특히 상想을 잘 다스리고, 많은 상想 중에서 그릇된 망상妄想을 놓아버리게 되면(공) 오온의 흐름이 끊어져 진실한 모습으로 살게 되고, 그냥 그대로 모든 괴로움과 재앙을 벗어날 수 있습니다.

결코 쉽지는 않겠지만, 오온을 비우고 망상을 놓아버리는 공부를 꾸준히 하다 보면 자기도 모르게 힘을 얻게 되고, 힘이 붙으면 고난의 근원이 되는 물질[色]과 수·상·행·식의 오온이 공空함을 깨닫게 되어, 정말 평화로운 해탈의 경지에 이를 수 있게 됩니다.

간곡히 청하오니, 부디 하루에 10분 만이라도 스스로를 관찰하고 사색하는 조견照見의 시간을 가져 보십시오. 오온의 흐름을 관찰하는 시간을 가져 보십시오.

이 조견의 힘이 인생의 바른길을 열어주는 원동력이 됩니다. 이 원동력은 '나'의 정신과 육체를 온전하게 만들 뿐 아니라, 우리에게 얽혀 있는 모든 검은 그림자를 능히 반야의 지혜로 바꾸어 놓습니다.

꼭 명심하십시오. 오온의 공함을 비추어 보아 '나'를 비우면 반야의 지혜가 저절로 발현되고, 바라밀(피안)의 삶을 살 수 있게 됩니다.

부디 성의를 다하여 망상을 잠재우고 오온개공임을 조견하여, 일체의 고액을 해탈케 되옵기를 축원 드리면서, **'조견오온개공 도일체고액'**의 풀이를 마감합니다.

나무마하반야바라밀

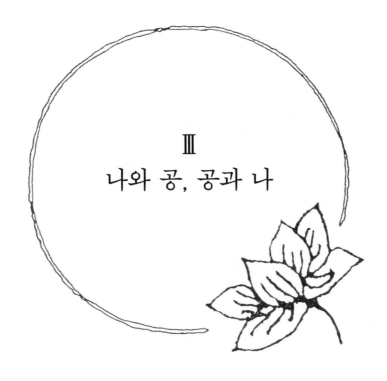

Ⅲ
나와 공, 공과 나

정녕 중도로 살고 중도를 이루고자 한다면
거짓됨부터 비워버리십시오.
가假가 공空의 세계로 들어갔다가
인연법의 세계인 이 세간으로 다시 나올때
'나'는 중中이 됩니다.
그리고 중中이 되고 나면
가도 공도 모두 완전한 깨달음의 세계인
일법계一法界로 되는 것입니다.

<ruby>舍利子<rt>사 리 자</rt></ruby>

<ruby>色不異空 空不異色<rt>색 불 이 공　공 불 이 색</rt></ruby>

<ruby>色卽是空 空卽是色<rt>색 즉 시 공　공 즉 시 색</rt></ruby>

<ruby>受想行識 亦復如是<rt>수 상 행 식　역 부 여 시</rt></ruby>

<ruby>舍利子 是諸法空相<rt>사 리 자　시 제 법 공 상</rt></ruby>

<ruby>不生不滅 不垢不淨 不增不減<rt>불 생 불 멸　불 구 부 정　부 증 불 감</rt></ruby>

사리자여

색이 공과 다르지 않고 공

이 색과 다르지 않으며

색이 곧 공이요 공이 곧 색이니

수 상 행 식도 그러하니라.

사리자여 모든 법은 공하여

나지도 멸하지도 않으며

더럽지도 깨끗하지도 않으며

늘지도 줄지도 않느니라

1. 색즉시공 공즉시색

누구를 위한 가르침인가

이제 반야심경에서 가장 해득하기 어렵다는 '색불이공 공불이색 색즉시공 공즉시색 色不異空 空不異色 色卽是空 空卽是色'을 살펴볼 차례가 되었습니다.

그런데 설주說主 관자재보살께서는 이 구절을 설하기 전에 법을 청한 '사리자'의 이름을 부릅니다.

이 **사리자舍利子**는 부처님의 십대제자 가운데 지혜제일 智慧第一의 존자이며, '사리자'보다는 '사리불舍利弗'로 더 많이 불리고 있습니다.

❀

사리불은 마가다국의 왕사성 북쪽에 있는 나라촌nara 村에서 바라문의 아들로 태어났으며, 처음에는 외도外道 의 가르침을 배웠으나 만족하지 못하였습니다.

사리불은 더 높은 도를 깨우쳐 줄 스승을 찾다가 길에

서 부처님의 최초 다섯 제자 가운데 한 사람인 마승馬勝 비구를 만나 인연법 이야기를 듣고, 크게 환희하여 부처님을 찾아가서 제자가 되었습니다.

그 뒤 사리불은 언제나 부처님 곁에서 교화 활동을 도왔습니다. 특히 불교 밖의 외전外典을 통달하고 있었던 사리불 존자는 외도들의 교화에 힘을 기울였습니다.

또 부처님을 시기한 데바닷다의 모함으로 승단僧團의 화합이 흔들릴 때에도 비구들에게 잘못을 깨우쳐 승단을 제자리로 돌려놓았습니다.

이러한 사리불을 가리켜 부처님께서는 '나의 맏아들이요 지혜제일의 제자'라 칭하셨으며, 당신을 대신하여 제자들에게 법을 전하도록 지시하셨습니다. 그리고 처음 출가한 이들을 불법의 바른길로 이끌어 들이는 데 큰 역할을 하였으므로, 부처님께서는 아들 라후라까지 사리불에게 맡겨 지도하게 하셨습니다.

§

부처님의 제자 가운데 첫손가락으로 꼽히는 사리불 존자! 사리불 존자는 중생교화와 교단의 화합, 승려교육의 중심에 서 계셨던 참으로 소중한 분으로, 언제나 부처님의 한쪽 팔이 되어 불교 교단을 이끌었습니다.

그런데 관자재보살께서는 마하반야바라밀의 세계로 인

도하는 가르침인 반야심경을 사리불 존자에게 설하고 있습니다. 반야지혜의 이치를 지혜가 제일인 사리불 존자를 상대로 하여 설하신 것입니다.

무수히 많은 부처님의 제자 가운데 왜 하필이면 지혜 제일의 사리불 존자에게 마하반야의 지혜를 설하신 것일까?

그 까닭은 사리불 존자를 비롯한 모든 소승의 수행자들을 향상向上시키고자 함에 있습니다. 소승의 지혜를 넘어서서 대승의 지혜, 부처님의 지혜를 증득하게끔 하기 위함입니다. 아직은 완전히 벗어버리지 못한 소승의 틀을 깨뜨리기 위해, 소승 최고의 성자인 사리불 존자를 택한 것입니다.

'색불이공 공불이색 색즉시공 공즉시색.'

바로 이 가르침을 통하여 모든 범부의 착각과 소승의 고집을 비워, 참된 마하반야를 얻게 하고 참된 바라밀을 성취하게 하기 위함입니다.

이제 이러한 관점에서 시작하여 '색불이공 공불이색 색즉시공 공즉시색'에 대한 하나의 도표를 제시한 다음, 한 구절씩 심도 있게 살펴보고자 합니다.

반야심경	대상	추구하는 바	목표
색불이공	범부	상 · 낙 · 아 · 정	이유상문 離有相門
공불이색	소승 및 성직자	무상·고·무아·부정	이공상문 離空相門
색즉시공 공즉시색	대승의 수행자	상 · 낙 · 아 · 정	현중도문 顯中道門

이 도표는 마음대로 그린 것이 아닙니다. 신라의 원측 스님을 비롯한 옛날 큰스님들께서 반야심경을 공부할 때 요긴하게 꼭 새겨야 한다고 지적한 점을 모아 만든 것입니다.

이 도표에서 보여주고 있듯이, '색이 공과 다르지 않다〔色不異空〕'는 구절은 범부의 현실에 대한 집착을 놓게 하기 위한 법문이요, '공이 색과 다르지 않다〔空不異色〕'는 구절은 소승小乘의 공空에 대한 집착을 떠나게 하기 위한 법문입니다.

그리고 '색즉시공 공즉시색'은 보살대중들을 비롯하여 마하반야바라밀의 세계에 이르고자 하는 모든 수행자가 비추어보고 실천해야 할 바를 설한 반야심경의 핵심법문입니다. 곧 『금강경』의 경우라면, "마땅히 머무르는 바 없이 그 마음을 내라〔應無所住而生其心〕"는 구절에 해당하는 법문입니다.

이와 같이 '색불이공 공불이색 색즉시공 공즉시색'은 범부와 수행인이 파破해야 할 집착이 무엇이며, 참된 반야 중도의 삶을 이루는 방법이 무엇인지를 함께 담고 있습니다.

그리고 한 가지 먼저 밝혀 둘 것은, 이 구절에서 색色이 단순한 물질을 뜻하는 것이 아니라, '나' 또는 '우주 대법계'를 가리키기도 한다는 것을 이해하시기 바랍니다. 왜냐하면 '공즉시색' 뒤에 '**수상행식 또한 이와 같다** 〔受想行識 亦復如是〕'라는 구절이 있기 때문입니다.

곧 이 색色은 색·수·상·행·식의 오온을 대표하는 색입니다. 따라서 이 구절의 색 대신 '오온'으로 바꾸어 쓸 수 있으며, 오온을 좁게 보면 육체와 정신으로 이루어진 '나'로 압축되고, 넓게 보면 물질세계와 정신세계를 합한 대법계로 확대된다는 것을 알아야 합니다.

색불이공色不異空

이제 평범한 범부를 위해 설한 '**색불이공色不異空**'부터 살펴봅시다.

평범한 범부들은 행복을 추구합니다. 영원한 삶〔常〕·즐거운 삶〔樂〕·자유로운 삶〔我〕·번뇌 없는 맑은 삶〔淨〕을 추구합니다. 이 몸이 늙지 않고 죽지 않기를, 영원하기를 추구합니다. 이 몸의 즐거움, '나'의 즐거움을 추구합니다. 내가 자유롭고 맑게 살기를 추구합니다.

그래서 모든 정열을 거기에다 바칩니다. 내 마음에 들고 내가 좋아하는 바를 얻기 위해 온갖 노력을 기울입니다. 곧 재물·이성·명예·물질 등의 색色을 나의 것으로 만들기 위해 정신없이 살아가는 것입니다.

하지만 두 눈을 똑바로 뜨고 볼 때 현실은 어떠합니까? 절대적인 행복이 아니라 상대적인 행복, 불행이 함께하는 행복 속에 살게 됩니다. 행복을 찾는 만큼 불행도 다가서고, 행복을 얻는 만큼 불행도 따라붙습니다.

❁

불교의 여러 경전 속에는 공덕천功德天과 흑암천黑暗天 이야기가 자주 등장하는데, 이 두 천신은 언제나 함께 인간 세상으로 내려와 사람들에게 깨우침을 준다고 합니다.

어느 날, 부유한 장자의 집에 인물이 지극히 아름답고 기품이 넘치는 여인이 찾아왔습니다. 눈앞이 환해지는 듯

한 아름다움에 넋을 잃고 바라보던 장자는 떨리는 음성
으로 물었습니다.

"이름이 무엇이오?"

"공덕녀功德女라 하옵니다."

"이름마저 공덕이라니! 어떠한 공덕이 있으시오?"

"저를 만나는 사람은 모두가 기분이 좋아진다고 하더
이다. 또 저를 보고 나면 금은보화가 모여들고, 병 없이
장수하며, 재수대통하게 됩니다."

장자는 그녀의 말이 끝나기가 바쁘게 청했습니다.

"이 집에 함께 사는 것이 어떻겠소?"

이에 공덕녀는 한 가지 조건을 제시했습니다.

"저에게는 절대로 떨어질 수 없는 동생이 하나 있습니
다. 제 동생도 데리고 살겠다면 기꺼이 응하지요."

"낭자의 동생이라면 앞을 못 보는 장님이라 한들 어찌
마다하겠소."

그 말이 끝나기가 무섭게 한 여인이 대문을 밀고 들어
오는데, 쳐다보기만 하여도 구역질이 나올 듯한 추녀 중
의 추녀였습니다. 흉칙하게 일그러진 얼굴, 거칠고 검은
피부, 줄줄줄 흘러내리는 콧물과 침….

"제 동생 흑암녀黑暗女 입니다. 제 동생을 보는 사람은
모두 기분이 나빠지고, 부유한 사람은 가난해지며, 수명

도 줄고 재수도 나빠집니다."

기겁을 한 장자가 흑암녀를 집 밖으로 내쫓으려 하자,
그녀는 찢어지는 듯한 음성으로 소리쳤습니다.

"안돼! 나는 절대로 우리 언니와 떨어질 수 없어. 내가
가면 우리 언니도 함께 가야 해."

결국 장자는 공덕녀마저 포기하고 말았습니다.

§

이 이야기처럼, 지극히 아름답고 복덕이 한량없는 공덕
녀와 추하고 불행을 안겨주는 흑암녀가 공존하고 있는
것이 범부의 인생살이요 현실입니다. 이것을 긍정해야 합
니다. 그런데도 우리는 공덕녀가 지닌 상常·낙樂·아我·
정淨만을 갈망합니다. 과연 이것이 가능할까요?

'나'의 몸과 마음, 그리고 재물·이성·명예 등에서는 영
원함을 찾아볼 수 없고, 즐거움은 순간인 데 비해 싫다는
괴로움은 꼬리를 물고 찾아듭니다.

그렇다고 하여 자유가 있습니까? 부모·자식·부부·친
구·직장동료·이웃 등의 간섭을 받고 인연의 사슬에 얽
혀 힘들게 살아갑니다. 맑디맑고 평화롭게 살고자 하지
만, 욕망과 근심걱정이 끊임없이 생겨나 '나'의 평화를 깨
뜨립니다.

그야말로 상·낙·아·정이 아니라, 덧없고 괴롭고 부자

유스럽고 번뇌로운 무상無常·고苦·무아無我·부정不淨의 삶을 살고 있는 것입니다.

과연 범부들이 이와 같은 삶을 살게 되는 근본 원인은 무엇일까요? 집착 때문입니다.

무엇에 대한 집착 때문인가? 물질과 사람에 대한 집착 때문입니다. 색色에 대한 집착 때문입니다. 더 엄격히 이야기하면 '나'에 대한 집착, '나'의 행복에 대한 집착 때문입니다.

그런데 참으로 묘한 것은 색色인 물질과 사람, '나'에 대해 집착을 하면 할수록, 색 속에서 상·낙·아·정을 추구하면 할수록, 집착을 하여 내 마음대로 하고자 하면 할수록, 더욱 힘들어지고 더욱 괴로워진다는 것입니다. 허깨비를 잡는 것과 같은 덧없음이 느껴진다는 것입니다.

왜 더욱 힘들어지고 더욱 덧없어지고 더욱 괴로워지는가? 원래 색色이란 것이 영원하지 않기 때문입니다. 반드시 변하게 되어 있고 무너지게끔 되어 있는 것이기 때문입니다.

변하고 덧없는 것에 집착을 하여 묶여 있는데 어떻게 몸이 자유로울 수가 있고 마음이 평화로울 수 있겠습니까? 따라서 영원하고 즐겁고 자유롭고 평화로운 삶을 이루고자 하면 우리를 고난의 수렁으로 몰아넣는 물질과 사람에 대한 집착부터 놓아버려야 합니다. 색에 대한 집착, '나'에 대한 집착부터 놓아버려야 합니다. 그리고 그것의 실체가 무엇인지를 분명히 직시하는 일부터 시작해야 합니다.

"색(물질·사람·몸·자아)이란 영원하고 즐겁고 자재하고 청정한 상·낙·아·정의 존재가 아니야. 그 좋은 상·낙·아·정을 '나'의 것으로 만들고 싶겠지만, '나'의 것으로 만들겠다는 것부터가 착각이야.

먼저 착각에서부터 깨어나야 해. 색도 자아도 인생도 실체가 없어. 홀연히 일어났다가 사라지게끔 되어 있는 한 조각의 뜬구름과 같은 것이야. 그러니까 뜬구름과 같은 그것에 집착하여 실체가 있다고 생각하면 안 돼. 그것은 빈 것이야. 공空과 조금도 다를 바가 없어."

바로 이것을 일러주는 것이 **색불이공色不異空**입니다.

색불이공. 이것은 내가 상대하고 있는 상相에 대해 실체가 있다고 생각하는〔有相〕범부의 고집을 깨뜨리기 위한 가르침입니다. 이 때문에 앞의 〔표〕에서 '**이유상문離有相門**(상이 있다고 고집하는 것을 떠나게 하는 법문)'이라 한 것입니다.

그리고 부처님께서 중생교화 초기에 『아함경』을 설하신

까닭도 범부들로 하여금 이 색불이공을 깨닫도록 하기 위함이었습니다.

"너희가 집착하고 있는 색(물질·사람·몸·자아)이 분명히 있는 듯하지만 빈 것이나 다름이 없다. 모두가 인因과 연緣이 화합하여 생겨난 것으로, 무상無常하고 괴롭고〔苦〕 무아無我요 부정不淨한 것이다.

왜 이러한 색에 집착하느냐? 인연법을 꿰뚫어 색에 대한 집착을 비워버려라. 집착의 꿈에서 깨어나거라. 그래야만 착각에서 벗어난 바른 세계, 꿈에서 깨어난 현실의 세계가 보이게 된다."

공불이색空不異色

이렇게 인연법을 깨달아 '색이 공과 다르지 않다'는 색불이공을 이해하게 되면 세상을 보는 눈이 바뀝니다. 경지가 달라지게 됩니다.

그러한 이가 누구인가? 대승불교에서 소승小乘이라고 칭하는 성문聲聞과 연각緣覺이 그분들입니다. 그 속에는 사리불 존자와 같은 소승의 최고성자들도 포함되어 있습니다.

그런데 이 소승에게는 아직 해결해야 할 문제가 남아 있습니다. 소승의 성자들은 '자아가 본래 없다'는 아공我空을 깨달아 무상이요 고요 무아요 부정한 현실을 긍정하면서 갈등 없이 평온함을 누리며 살고는 있지만, 아직은 그들이 깨달은 색불이공의 진리[法]에 대한 집착, 공空에 대한 집착은 가득합니다.

그 공의 세계에 갇혀 색色의 세계를 부정해 버리는 병통을 앓고 있습니다. 이 때문에 대법계를 있는 그대로 보지 못하고 무상이요 고요 무아요 부정하다는 관점에서 보고 있습니다.

그리고 소승들은 그들의 세계관에 빠져 혼자만의 해탈, 혼자만의 선열禪悅에 잠겨 살아갑니다. 공에 빠지고 공을 즐기며 사는 것입니다.

이것이 소승의 수행자에게는 큰 문제가 되었습니다. 스스로가 추구하는 법에 빠지고 공에 빠져 살다 보니 성직자로서 당연히 해야 할 중생구제를 차츰 잊게 되었고, 한 걸음 더 나아가 재가인들로부터 대접을 받고 존경을 받는 것이 당연하다는 오만까지 가지게 되었습니다.

그리하여 부처님께서는 대승의 반야경을 설하시어 소승

들이 빠져있는 공에 대한 집착을 벗겨주고자 하십니다. 그것이 바로 '공이 색과 다르지 않다'는 **공불이색空不異色**의 가르침입니다.

"너희들이 공空의 세계에 집착하고 공의 세계를 고집하고 있는 이상에는 올바른 깨달음을 얻지 못하게 된다. 그 공은 또 다른 형태의 색色일 뿐이다. 네가 빠져 있는 공은 색에 대한 상대적인 공일 뿐이다. 그것도 넘어서야 한다.

색을 다스리기 위해 내세운 공의 세계에 푹 빠져 있는 것은 범부의 색에 대한 집착과 다를 바가 없다. 공불이색空不異色이거늘, 왜 공을 관념화시키고 형태화시키고 있느냐? 그 공에서 깨어나거라. 그래야만 올바른 해탈을 이룰 수 있다."

이것이 공불이색을 설하신 참뜻입니다. 그래서 반야부 계통의 경전에는 '공공空空'이라는 단어를 즐겨 씁니다. '그 공도 공이다!' 공에 대한 집착을 비워야 한다는 것입니다.

오늘날에도 수행자들 중에는 자기 공부의 착각 속에 빠져 있는 이들이 많이 있습니다. 그래서 자기 공부 방법이 최고라 하고, 자기가 하는 것을 추종해야 한다고 주장하는 이들이 많습니다. 그리고 법사나 스님, 다른 종교의 성직자들 중에는 자신이 일반 신도와는 다른 위치에 있다고 생각하는 이들이 더러 있습니다. 그러나 이러한 우월감이나 주장은 반드시 비워야 합니다.

공불이색空不異色! 그 성직자의 공空한 경지는 범부의 경지인 색色과 조금도 다를 바가 없습니다. 범부보다 조금도 나을 것이 없습니다.

오히려 그릇된 성직의 세계, 그릇된 공 속에 빠져 있으면 돌이킬 수 없는 길로 접어들어 해탈과는 영원히 결별을 할 수도 있습니다.

그러므로 향상의 경지로 나아가는 참된 수행인은 색에 대한 집착을 비워버리는 것은 물론[色不異空 색불이공], 내가 하고 있고 현재 얻은 바의 경지에 대한 집착도 놓아버려야 합니다. 그래야만 부처님께서 천명하신 진정한 해탈의 경지, 그 어떠한 것에도 걸림이 없이 인연 있는 이들을 살려내는 멋진 경지에서 살 수 있게 됩니다. 그럼 그 경지를 이루는 방법이 무엇인가?

'색즉시공 공즉시색'이 그것입니다.

색즉시공 공즉시색色卽是空 空卽是色

'색불이공 공불이색'은 범부의 착각도 벗어버리고 성직자의 집착도 비워버리라는 가르침입니다. 그리고 모든 착각과 집착에서 깨어나 진짜로 살라는 것이 '색즉시공 공즉시색'의 가르침입니다.

곧, 색불이공 공불이색에서는 '**다르지 않다**[不異]'는 말로 착각과 집착을 깨뜨리고 있으며, 색즉시공 공즉시색에서는 '**곧 이것**[卽是]', '바로 그렇다'는 말로 해탈의 세계로 바로 들어가게 하고 있습니다.

'**색이 곧 공이요 공이 곧 색**'이라는 구절은 위없는 깨달음을 이루고자 하는 모든 이들을 위한 법문입니다. 마하반야바라밀다를 이루기 위해서는 이렇게 깨닫고 실천해야 한다는 것을 일러주는 보편적인 법문입니다.

그러나 이 구절을 그냥 이야기하면 쉽게 이해가 되지 않으므로 화엄종·천태종·삼론종에서 매우 중요시하였던 공空·가假·중中 삼제三諦와 연결시켜 보겠습니다.

```
  색 즉 시 공     공 즉 시 색
  色 卽 是 空     空 卽 是 色
  │          ＼    ／          │
  가          공          중  … 삼 제
  假          空          中  … (三諦)
```

삼제를 간략하게 정의하면, 가假는 세간의 모습이요, 공
空은 깨달은 세계의 본모습이며, 중中은 중도中道로 깨달
은 세계에서의 삶이요 작용입니다. 이제 색즉시공 공즉시
색에 이 세 글자를 대입시켜 번역해 봅시다.

"가假가 곧 그대로 공임을 체득하면 그 공의 세계가 바
로 중도로다."

중도中道로 사는 것. 이것이 불교 수행의 마지막입니다.
모든 중생이 중도로 사는 것. 이것이 부처님의 최종목표
입니다. 그럼 어떻게 해야 중도의 삶을 살 수 있는가?
무상하고 괴롭고 무아요 부정한 이 세간법, 곧 가假의
모습을 띤 색色의 실체가 공空이라는 것을 깨닫고, 공에
대한 집착마저 버리고 다시 세간으로 나올 때 중中이 됩
니다. 따라서 중도의 삶을 살기 위해서는 색에 대한 집착
과 공에 대한 집착, 세간에 대한 집착과 출세간에 대한 집
착을 철저히 놓아버려야 합니다.

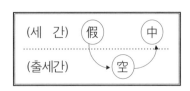

정녕 '색즉시공'이라고 할 때의 **색**은 어떠한 모습입니까? 진실이 아닌 **가假**의 모습입니다. 가짜입니다. 가짜는 비워야 합니다. 가짜를 비워 원래가 **공空**이라는 것을 체득해야 합니다. '우리가 나라고 고집하고 있는 자아는 원래부터 실체가 없다'는 것을 체득해야 합니다.

그것을 체득하여 나에 대한 집착에서 벗어날 때, 우리는 이 대우주법계와 하나가 됩니다. 대법계와 일체一體가 됩니다. 나만의 특별하고 고유한 실체가 아니라, 원래부터 내가 하나의 참된 법계인 **일법계一法界**(또는 一眞法界. 기^{일진법계}신론에서는 일법계, 화엄경에서는 일진법계로 표현함)라는 것을 체득하게 되고, 일법계의 복락을 마음껏 쓸 수 있게 되는 것입니다.

일법계! 곧 우주 대법계는 어떠한 세계인가? 가假가 없는, 거짓 모습이 없는 참다운 공의 세계입니다. 그래서 『화엄경』에서는 '**공즉시색의 공**'을 진공眞空이라고 합니다.

그럼 그 진공은 비기만 한 것인가? 아닙니다. 온갖 좋은 일이 다 그 속에 있고 그로부터 나옵니다. 그래서 『화엄경』에서는 '**공즉시색의 색**'을 묘유妙有 또는 묘용妙用이라 하였습니다. 묘한 것이 있다, 묘한 작용이 있다고 한 것입니다.

어떠한 묘유妙有인가? 바로 열반의 사덕四德인 상常·낙樂·아我·정淨입니다. 영원하고 즐겁고 자유롭고 번뇌가 없는 청정함이 가득할 뿐입니다. 그리고 끝없이 묘한 작용이 진공의 일법계에서 나와 모든 존재를 향상의 길로, 행복의 세계로 이끌어 올리는 것입니다.

이렇게 색즉시공임을 깨달아 공즉시색으로 사는 것. 이것이 불교의 최종목표인 중도中道의 삶입니다. 진공묘유의 자재롭고 평화로운 중도의 삶입니다.

모름지기 참으로 행복하게 살고자 한다면 색즉시공임을 깨달아 색色의 거짓됨[假]부터 비워버려야[空] 합니다. 세속에 대한 착각과 '나'의 거짓된 모습을 비워버려야 합니다.

거짓되고 뒤바뀐 소견을 버릴 때 헛된 욕심과 집착이 사라져서 마음이 맑아지고, 그 공한 마음으로 영원하고 행복하고 자유롭고 번뇌가 없는 대법계의 묘유妙有를 만끽하며 중도中道의 삶을 살 수 있게 됩니다.

정녕 중도로 살고 중도를 이루고자 한다면 거짓됨부터 비워버리십시오.

가假가 공空의 세계로 들어갔다가 인연법의 세계인 이 세간으로 다시 나올 때 '나'는 중中이 됩니다. 그리고 중中

이 되고 나면 가도 공도 모두 완전한 깨달음의 세계인 일법계一法界로 되는 것입니다.

다시 한번 강조합니다.

색色의 세상은 가假요 진리의 세계는 공空의 모습입니다. 우리가 가를 비우면 진리의 세계와 하나가 되고, 대법계와 하나가 되어 공을 체득하고 다시 이 세상으로 나올 때는 반야의 지혜와 자비를 함께 갖춘 중도인中道人이 되어, '진공眞空 속의 묘유妙有의 삶'을 실현하게 되는 것입니다.

반야심경에서 가장 어렵다는 '색즉시공 공즉시색'에 담긴 가르침은 바로 이것입니다. 이를 잘 유념하셔서 참으로 복되고 참된 삶을 이루기를 두 손 모아 축원드립니다.

나무마하반야바라밀

2. 비울수록 살아나는 인생

방하착放下着

앞에서 우리는 반야심경에서 가장 해득하기 어렵다는 '색불이공 공불이색 색즉시공 공즉시색色不異空 空不異色 色卽是空 空卽是色'에 대해 공부하였는데, 예화例話를 들어 이를 다시 한번 정리해 보고자 합니다.

색불이공色不異空은 우리 범부가 품고 있는 색色(물질·사람·몸·자아)에 대한 집착을 놓게 하기 위한 가르침으로, 이때의 공空은 '비었다·실체가 없다'는 뜻입니다.

"너희 범부가 집착하고 있는 색色은 분명히 있는 듯하지만 빈 것[空]과 다르지 않다[不異]. 모두가 인因과 연緣이 화합하여 생겨난 것으로, 덧없고 괴롭고 부자유스럽고 부정한 것이다. 왜 그와 같은 색에 집착을 하느냐?

인과 연이 모여 이루어진 모든 것에는 실체가 없다는 것을 깨달아 색에 대한 집착을 비워버려야 한다. 색에 대한 집착의 꿈에서 깨어나야 한다.

그래야만 착각에서 벗어난 바른 세계, 꿈에서 깨어난 현실의 세계를 바로 보게 되고, 덧없음과 괴로움과 부자유와 부정함을 해탈할 수 있게 된다."

부처님께서는 '색불이공'을 통하여 보통 사람들에게 이것을 깨우쳐주고자 하셨습니다.

그리고 **공불이색空不異色**은 어느 정도 도道를 이루었다고 생각하는 이들이나 소승小乘들이 빠져들기 쉬운 공空에 대한 집착을 깨우쳐 주기 위한 가르침입니다.

"너희들이 빠져들어 즐기고 있는 도의 세계나 집착하고 있는 공의 세계는 또 다른 형태의 색色일 뿐이다. 그 공은 색에 대한 상대적인 공일 뿐, 진정한 해탈의 세계가 아니다. 그것도 넘어서야 한다.

색의 병을 다스리기 위해 준 공空이라는 약藥을 계속 복용하여 공의 세계에 푹 빠져 있는 것은 색에 대해 집착하며 사는 범부들과 조금도 다를 바가 없다.

색병色病을 고쳤으면 공약空藥도 버려야지, 왜 약을 계속 복용하며 공의 환상에 빠져 있느냐? 이제 그 공약의 복용을 멈추어 공에서 깨어나거라. 그래야 원래 건강한 상태를 회복하고 참다운 해탈을 만끽할 수 있다."

부처님께서는 이러한 뜻의 '공불이색'을 설하시어 어느
정도 도를 이루었다고 생각하는 이들이나 자기의 굴레에
빠져 있는 소승의 수행자들을 보다 높은 경지로 끌어올
리고자 하신 것입니다.

따라서 '색불이공 공불이색'의 색色과 공空은 모두 놓
아버려야 할 대상입니다. 방하착放下着의 대상입니다.

❀

어느 날 흑씨黑氏 바라문은 신통을 부려서 만든 합환
오동合歡梧桐의 꽃 두 송이를 양손에 들고 와서 부처님께
바치고자 하였습니다. 그때 부처님께서는 조용한 음성으
로 흑씨 바라문을 불렀습니다.

"선인仙人아, 내려놓아라〔放下着〕."

흑씨 바라문이 왼손에 든 꽃송이를 내려놓자 다시 말씀
하셨습니다.

"선인아, 내려놓아라."

이번에는 오른손에 든 꽃송이를 내려놓았고, 부처님께
서는 또 이르셨습니다.

"선인아, 내려놓아라."

"세존이시여, 저의 두 손은 이미 비었습니다. 다시 무엇을 '내려놓아라' 하시나이까?"

"나는 너에게 그 꽃을 내려놓으라고 한 것이 아니다. 너의 마음에 가득 차 있는 집착과 고집을 일시에 버려서, 더 이상 버릴 것이 없게 될 때 참된 해탈을 얻을 수 있게 되느니라."

부처님의 이 말씀에 흑씨 바라문은 크게 깨달았습니다.

§

부처님께서 흑씨 바라문에게 '내려놓고 버리라'고 한 것이 무엇입니까? 합환오동 꽃 두 송이였습니까? 아닙니다. 집착과 고집이었습니다. 색色에 대한 집착과 공空에 대한 고집이었습니다.

곧 색도 내려놓고 공도 내려놓으라는 가르침입니다. 우리 마음속에 가득한 색에 대한 집착, 그리고 계속 고수하고 있는 공이나 도에 대한 고집을 일시에 놓아버리라는 것입니다. 그래야만 참된 해탈을 이룰 수 있는 기틀을 마련할 수가 있고, 흑씨 바라문처럼 크게 깨달을 수 있습니다.

그런데 우리 중생들은 어떻게 삽니까? 쥐고 살기에 바쁩니다. '나'와 '내 것'을 만들며 살 뿐 내려놓을 줄을 모릅니다. 속인들만이 아닙니다. 스님들이나 불교에 깊이 빠져 있는 전공자들도 마찬가지입니다.

겉으로는 놓아버린 듯한데, 내면으로는 얼마나 내려놓았는지를 스스로도 잘 알지 못합니다. 그래서 중국 선종의 대도인이신 조주선사趙州禪師께서도 방하착放下着 법문을 자주 하셨습니다.

❁

엄양嚴陽선사가 조주스님을 찾아와 말했습니다.

"한 물건[一物]도 가지고 오지 않았습니다."

"내려놓게[放下着]."

"한 물건도 가지고 오지 않았는데 내려놓으라니요? 무엇을 내려놓습니까?"

"그렇거든 짊어지고 있든지."

이 말씀 끝에 엄양선사는 대오大悟 하였습니다.

❁

방하착放下着! 우리에게는 놓아버려야 할 색色이 참으로 많습니다. 동시에 놓아버려야 할 공空도 없지 않아 있습니다.

엄양선사의 '한 물건도 가지고 오지 않았다'는 것이 무엇입니까? '한 물건'에 대한 집착입니다. 자아에 대한 집착인 동시에 근본에 대한 집착입니다. 조주스님께서는 이 집착을 '내려놓아라'고 하셨습니다.

 그렇지만 엄양선사는 계속 외쳤습니다. '한 물건도 가져 오지 않았는데 무엇을 내려놓으라고 하는 것인가'하고…. 이 고집을 부수기 위해 조주스님께서는 대자비의 일침을 놓았습니다.

"그렇거든 짊어지고 있든지."

 '공空을 짊어지고 살라'는 말씀입니다. 공! 과연 이 공이 짊어지고 살 수 있는 것입니까? 이 말씀 끝에 엄양선사는 크게 깨달았고 해탈하였습니다.

 색에 대한 집착·자아에 대한 집착·한 물건에 대한 고 집·공에 대한 고집. 이는 서로 다를 바가 없습니다. 불이 不異입니다. '색불이공 공불이색'의 색과 공은 함께 놓아 버려야 할 대상이며, 색과 공을 함께 내려놓는 것이 부처 님과 조주스님께서 설하신 '방하착'의 참뜻이요 가르침입 니다. 이제 색즉시공 공즉시색으로 넘어갑시다.

본래무일물本來無一物

 '색불이공 공불이색'의 뒤에는 '색즉시공 공즉시색'이

있습니다. 색에 대한 집착, 공에 대한 고집을 함께 방하착 하면 색즉시공 공즉시색의 삶을 살게 됩니다. 색과 공을 함께 놓아버리면 좁디좁았던 이기심, 곧 스스로가 만들어 내려놓지 못하고 있는 자아自我가 사라지면서, 대우주의 일법계一法界 그 자체가 되어 무한한 자유와 영원생명을 누리며 살게 되는 것입니다.

색즉시공 공즉시색! 다시 한번 상기시켜 봅시다.

"색즉시공色卽是空. 이 색의 실체는 가假이다. 진짜가 아닌 거짓이다. 따라서 이 색의 거짓됨은 반드시 비워버려야 한다. '나'의 착각과 거짓된 모습에 대한 집착을 놓아버려야 한다.

그리하여 거짓되고 뒤바뀐 소견들을 비워버릴 때 헛된 욕심과 집착이 사라지고 마음이 허공처럼 맑아져서, 그 공한 마음에 충만되어 있는 영원하고[常] 행복하고[樂] 자유자재하고[我] 번뇌가 없는[淨] 공즉시색空卽是色의 삶, 대법계의 공덕을 마음껏 쓰는 진공묘용眞空妙用의 삶, 어디에나 걸림이 없는 중도中道의 삶을 살 수 있게 되느니라."

더 엄밀히 이야기 하면 원래가 거짓[假]된 색은 공으로 돌아갈 수밖에 없습니다. 공한 대법계로 돌아갈 수밖에 없습니다. 왜? 색즉시공이기 때문입니다. 무상한 세상의 색과 수행자가 공이라고 고집하는 것이 진짜가 아니고 거짓이기 때문입니다.

그런데 범부와 소승들은 왜 하나의 참된 대법계로 못 돌아가는가? 계속계속 색에 집착하거나 공에 빠져 끊임 없이 나름대로의 삶을 고집하며 살기 때문입니다. 스스로에 대한 집착만 비우면 하나의 참된 법계인 일법계一法界 자체가 되고, 공즉시색의 멋진 삶을 살 수 있는데도….

정녕 우리가 공즉시색의 멋진 삶을 살기 위해서는 색이 곧 공이 되는 색즉시공色卽是空의 근거를 확실히 깨달아야 합니다. 그것이 무엇인가? 불성佛性·반야般若·일심一心·원각圓覺 등 여러 가지로 표현을 할 수 있겠지만, 지금은 공空을 이야기하므로 육조혜능六祖慧能대사의 **본래무일물本來無一物**을 인용하고자 합니다. 불자들이 잘 알고 있는 이야기이므로 골격만 소개합니다.

❀

중국 선종의 제5조인 홍인弘忍대사는 어느 날 석가모니불로부터 32대를 걸쳐 내려온 의발衣鉢과 선법禪法을 전해야 할 때임을 알고, 모든 제자들에게 '게송을 하나씩 지어 오라'고 하셨습니다.

"대의大意를 깨친 사람이 있으면 의발衣鉢과 법을 전하여 제6조로 삼으리라."

스승의 지시를 받은 제자들은 대사형인 신수神秀대사만 바라보았고, 신수대사는 아직 도를 통달하지 못하였음을 스스로 잘 알고 있었지만 대중의 뜻을 거스를 수 없어, 한밤중의 아무도 없는 틈을 타서 홍인대사의 방 앞 복도 남쪽 벽에 한 수의 게송을 썼습니다.

몸은 곧 보리의 나무요	身是菩提樹 신시보리수
마음은 명경대와 같도다	心如明鏡臺 심여명경대
때때로 부지런히 털고 닦아	時時勤拂拭 시시근불식
티끌이 묻지 않게 하라	勿使惹塵埃 물사야진애

이를 보신 홍인대사는, '이 게송에 의지하여 닦으면 삼악도에 떨어지지 않을뿐더러 큰 이익이 있으리라' 하였으나 도를 깨달았다고 인가하지는 않았습니다.

그리고 이틀 뒤, 당시 방앗간에서 방아를 찧고 있던 행자 혜능慧能도 한 수의 게송을 신수대사의 게송 옆에 썼습니다.

| 보리에는 본래 나무가 없고 | 菩提本無樹 보리본무수 |

밝은 거울 또한 대가 아니네	明鏡亦非臺 명경역무대
본래부터 한 물건도 없거늘	本來無一物 본래무일물
어느 곳에 티끌이 일어나리오	何處惹塵埃 하처야진애

이 게송을 보신 홍인대사는 사람들이 혜능을 해칠까 염려하여 신발로 게송을 문질러 지워버리고 '깨닫지 못한 이의 게송'이라 하셨지만, 한밤중에 혜능을 몰래 불러 의발과 법을 전하고 제6조로 삼았습니다.

❧

두 게송의 차이점이 무엇입니까?

신수대사의 게송에는 몸과 마음이 있습니다. 그리고 마음에 티끌과 때가 묻지 않게 부지런히 털고 닦을 것을 강조하고 있습니다.

이것이 무엇을 말해줍니까? 색과 공에 사로잡혀 있음을 일러주고 있습니다. 따라서 이 게송에 의지하여 수행하면 언제 도를 깨달을지 기약을 할 수 없습니다. 색불이공 공불이색의 자리에 집착하여 몸과 마음, 밝은 거울과 티끌이라는 상대적인 관계 속에 빠져 있기 때문입니다.

그러나 혜능대사의 게송은 다릅니다. 몸과 마음은 물론, 보리를 강조하지도 거울을 세우지도 않았습니다. 오히려 깨달음의 바탕은 '본래무일물'이라 했습니다. 진공眞

空의 자리, 일법계一法界의 자리에는 한 물건도 없기 때문에 없앨 티끌도 굳이 세워야 할 것도 없다는 것입니다.

본래무일물本來無一物! 무엇이 본래무일물의 세계입니까? 우리의 마하심이 본래무일물의 세계입니다. 마하반야바라밀다심이 본래무일물의 세계입니다. 무엇이 본래 없다는 것입니까? 나 스스로가 만들어낸 자아가 본래 없다는 것입니다.

우리의 마하심이 본래무일물임을 아는 것! 이것이 **색즉시공**입니다. 마하심 속에는 본래 한 물건도 없지만, 이 속에서 모든 것이 다 나옵니다. 이것이 **공즉시색**입니다. 일체가 다 이 속에서 나오지만 걸리거나 장애될 것이 없습니다. 이것이 본래무일물의 진공眞空자리요 묘유妙有의 세계입니다.

색즉시공 공즉시색하고 진공묘유한 자리를 『금강경』에서는 '응무소주 이생기심應無所住 而生基心'이라 표현하였습니다.

"마땅히 머무르는 바 없이 그 마음을 낼지니라."

원래 혜능대사는 『금강경』의 '응무소주 이생기심'을 듣고 깨달은 바가 있어 출가하였고, 출가한 뒤에도 늘 '응무소주 이생기심'을 생활화하였으며, '응무소주 이생기심'으로 대오大悟 하였습니다.

'마땅히 머무르는 바가 없다[應無所住].'

왜 머무르는 바가 없습니까? 본래무일물이기 때문입니다. 색즉시공이기 때문입니다.

또 이 머무름이 없는 가운데에서 '어떠한 마음을 낸다[而生其心].' 이것이 공즉시색입니다. 진공 속의 묘유입니다. 머무름이 없는 속에서 그 마음을 억지로 내는 것이 아니라, 머무름이 없으면 저절로 훌륭한 작용妙用을 하게 되는 것입니다.

잠깐 색즉시공 공즉시색의 삶과 응무소주 이생기심에 육바라밀六波羅蜜을 대입 시켜 해석해보겠습니다.

· 보시 : 대상에 대한 집착 없이 인연 따라 베풀고
· 지계 : 나쁜 짓을 경계하지 않아도 바른 생활을 하고
· 인욕 : 억지로 참지 않고도 모든 사람에게 밝음을 주고
· 정진 : 애쓰지 않아도 향상된 삶을 살고
· 선정 : 삼매를 닦지 않아도 언제나 평화롭고
· 반야 : 무명을 내버려 두고도 늘 지혜의 빛을 발한다.

이렇게 사는 것이 색즉시공 공즉시색의 삶입니다. 이제 다시 범부로 돌아가 한 가지 질문을 던지겠습니다.

많은 불자들이 부처님을 향해 기도를 합니다. 그런데

부처님께서는 어디에 계십니까? **어디에 계신 부처님을 향해 기도를 합니까? 마음속입니까? 마음 밖입니까? 법당 안에 계신 부처님입니까? 법당 밖의 부처님입니까?**

답은 어디에나 계신 부처님입니다. 부처님은 어디에나 계십니다. 일법계一法界, 이 대우주 전체가 부처님입니다. 열반에 드신 부처님은 일법계 그 자체로 계십니다. 색신色身이 곧 진공眞空으로 화하신 것입니다(색즉시공).

그러다가 중생의 간절한 기도 소리를 들으면 몸을 나타내십니다. 기도인의 요구에 맞게 몸을 나타내 보이시는 것입니다. 이것이 공즉시색입니다.

관세음보살이나 지장보살도 마찬가지입니다. 대우주법계에 가득 차 있는 대자비의 기운이 관세음보살님입니다. 아미타불을 모신 보관을 쓰고 감로병을 들고 있는 등의 정형화된 형태로만 계신 것이 아닙니다. 대법계 자체가 관세음보살입니다.

이러한 대보살님들은 중생이 일심으로 기도하면 적절한 모습을 나타내어 그 사람의 소원을 성취시켜 줍니다. 이것이 진공묘유요 공즉시색입니다.

생사와 열반, 중생과 부처. 이것은 색과 공의 관계입니다. 하지만 깨달은 이에게는 이 모두가 둘이 아닙니다. '즉시卽是'입니다. 생사가 곧 열반이요 중생이 곧 부처입니다. 더욱이 본래무일물인데 '나와 너'라는 분별이 어디에 있겠습니까? 모두가 일법계요 마하심아요 일심일 뿐입니다.

이것이 색즉시공 공즉시색의 뜻이요 불보살님이 중생에게 감응하는 원리라는 것을 알아서 잘 정진하고 기도하시기 바랍니다.

색즉시공의 조견법照見法

실로 우리 불자들은 본래무일물本來無一物임을 깨닫고 색즉시공 공즉시색의 삶을 이룰 때까지 끊임없이 닦아야 합니다. 스스로가 만들어낸 거짓 자아를 돌아보며 끊임없이 닦아야 합니다.

이에 색즉시공 공즉시색의 연장선상에서 한 가지 당부의 말씀을 드리고자 합니다. 곧 생활 속에서, 또 기도하고 참회하면서 '나'의 실체를 자꾸 조견照見해 보라는 것입니다.

이제까지 여러 번 이야기 하였듯이 우리들 삶의 모든 문제는 '나[我]'에 봉착되어 있습니다. 나[我], '나와 내 것'이라는 그 이기심으로 말미암아 탐욕과 분노와 어리석음의 삶을 사는 것입니다.

따라서 자아가 본래무일물이요 공空이라는 것을 관조하며 닦아가야만 색즉시공 공즉시색의 삶, 대우주법계인 진공眞空 속의 묘용妙用을 한껏 발현하여 영원하고 행복하고 자유롭고 청정한 삶을 살 수가 있습니다.

하지만 '나가 공'이라는 색즉시공의 깨달음은 저절로 주어지는 것이 아닙니다. 원리로는 '알았다'고 할지라도, 현실에서 '색이 곧 공'이라는 진리를 생활화하기는 쉽지가 않습니다. 중생이라는 탈을 쓰고 세세생생, 너무나 오랫동안 자아의 노예, 이기심의 노예로 살아왔기 때문입니다.

색에 대한 집착, '나'에 대한 집착, 욕망에 대한 집착을 '비워야지 비워야지' 하면서도 문득 나에게 맞으면 탐심을 일으키고, 나에게 맞지 않으면 분노·짜증·신경질 등의 진심瞋心을 내며, 탐심·진심을 좇아 갖가지 어리석은 짓을 저지르는 것과 동시에, 교만·의심·고집까지 동원하여 '나'의 행복과 평화로움을 가두어 버립니다. 내가 만들어낸 자아를 고유하고 참된 '나'로 삼고 그 속에다 온갖 것을 가두어 버리는 것입니다.

따라서 참으로 행복하고 평화롭게 살고자 하면, 평소에

'색즉시공 공즉시색'·'본래무일물'을 바탕으로 삼아 자아의 그릇된 흐름, '나'의 이기적인 의식을 자꾸자꾸 비추어 보고 깨우쳐 나가야 합니다. 본래무일물로써 참되지 못한 자아를 벗어버려야 합니다.

그럼 벗어버려야 할 자아는 언제 감지할 수 있는가? 두 가지 경우가 있습니다.

첫째는 마음이 아주 고요한 때이며, 둘째는 '나'를 자꾸 되돌아보고자〔照見〕할 때입니다.

마음이 아주 고요할 때란 참선 등을 통하여 삼매三昧에 젖어 든 때로, 이때는 이기심(ego)의 모습이 자연스럽게 투영됩니다. 그러나 이러한 삼매의 경지가 보통 사람들에게는 쉽게 다가오지 않습니다. 그러므로 여기에서는 굳이 언급하지 않고, 스스로를 자꾸자꾸 돌아보아 이기적인 자아를 감지하는 조견법에 대해서만 이야기하겠습니다(저는 이 조견법을 닦아 큰 도움을 받았고 향상을 할 수 있었습니다).

① 먼저 참회를 하십시오. 스스로의 잘못을 뉘우치는 참회는 '잘못했습니다'로부터 시작됩니다. 절을 하면서 참회를 해도 좋고, '관세음보살'·'지장보살'·'마하반야바라밀' 등의 염불을 하면서 참회해도 좋습니다.

② 겉으로 염불 또는 절을 하고 마음속으로 '잘못했습니다'를 염하다가 과거의 어떤 잘잘못이나 현재의 어떤 생각이 떠오를 때, 그것이 이기적인 자아에서 비롯된 것이 아닌가를 비추어 보는 것입니다. 예를 들겠습니다.

· 어제 친구를 만나 거만한 자세로 퍼부었던 핀잔. 그 핀잔의 밑바닥에 아만이 깔려 있었구나. 고쳐야지.
· 지난주에 있었던 부부싸움. 왜 서로가 참지 못했던가? 그 원인은 나의 이기적인 사랑 때문이었다. 서로 사랑한다면서 나에 대한 사랑만을 실컷 뿜어내다니.
· 아이가 오늘 하루는 공부를 쉬고 친구들과 놀았으면 하는데 못 하게 했다. 쉬는 것도 공부인데, 내 마음속의 고집과 어리석음으로 못하게 하였구나.

이와 같이 하여 스스로가 만들어낸 자아의 이기적인 면을 깨닫기만 하여도 '나'의 삶은 바뀌기 시작합니다.

곧 탐하고 성내고 어리석게 굴고 교만을 부리고 의심하고 고집을 내세우는 모든 상황이 잠재되어 있는 이기심, 숨어있는 '자아'로 말미암아 그렇게 되었다는 것을 깨닫게 될 때, 자아의 껍질은 열어지고 '나'는 평안과 행복을 누리기 시작합니다. 모든 불행의 원인인 '나'가 사라지는

데 어찌 행복해지지 않을 수 있겠습니까?

③ 물론 이와 같은 조견법은 한두 번으로 끝낼 일이 아닙니다. 이기심에 대해 **자꾸자꾸** 조견해야 합니다.

내가 겉으로 행하였던 살생·투도·음행·망어·악구·양설·기어 등과 속으로 일으켰던 탐욕·분노·사견·교만·의심·고집 등이 스스로가 느낄 수 없는 이기심에 조정을 당하였다는 것을 확실히 알고, 다시는 그릇된 행위나 생각 속에 빠져들지 않을 때까지 자꾸자꾸 비추어보고 참회해야 합니다.

이와 같이 밑바닥에 깔려 있는 이기심을 관찰하고 느낄 수 있게 되면 바로 보살의 지위에 올라서게 됩니다. 처음 시작하면 초발의보살初發意菩薩이 되고, 익어지면 십지十地의 보살자리로 나아가게 됩니다.

그리고 꾸준히 계속하다 보면 마침내는 스스로가 만들어낸 거짓 자아와 함께 무명이 사라져서 주객불이主客不二의 세계, 일법계一法界의 세계, 색즉시공 공즉시색의 경지에 도달하게 되는 것입니다.

이것은 제가 만들어낸 관법이 아닙니다. 신라의 원효스님을 비롯한 많은 고승들이 이 조견법을 익혔고, 이를 통해 높은 경지로 나아갔습니다.

색즉시공 공즉시색을 깨닫느냐, 못 깨닫느냐? 생활화하느냐, 하지 못하느냐는 오로지 '나'에게 달려 있습니다. 본래무일물本來無一物·마하심摩訶心의 입장에 서서 '나'를 어떻게 다스리냐에 있습니다.

물론 꼭 참회기도를 하면서 조견을 하라는 것도 아닙니다. 꾸준히 조견만 하여도 삶은 훨씬 좋아집니다.

행동이나 대인관계에서 일어나는 일, 내면적인 생각들을 잘 비추어 보십시오. 참으로 이기심ego에 뿌리를 둔 생각들이 수도 없이 일어났다가 꺼진다는 것을 알 수 있을 것입니다.

이러한 생각들을 잘 다스리는 것. 곧 이 생각들이 무명에 뿌리를 둔 이기심에 의해 덧없고 실체 없이 일어난다는 것을 깨닫고 이기심들을 놓아버릴 때 색즉시공을 성취하게 되고, 그 즉시에 공즉시색의 대자유와 대성취를 만끽할 수 있게 됩니다.

정녕, 이론만의 반야심경이 아니라 생활 속의 반야심경이 되게 하고자 이 조견법을 제시하니, 실천해보시기 바랍니다.

꼭 기억하십시오. 나(자아)의 이기심을 잘 관찰하는 것이

관자재觀自在입니다. 이 이기적인 나〔我〕를 잘 관찰하는 것이 관자재의 '관觀'이요, 이 나〔我〕를 비워버리면 저절로 모든 것에 '자재自在'해 집니다.

두 손 모아 축원 드리오니, 모든 불자들이여.

스스로가 만들어낸 이기적인 자아를 잘 조견하여, 꼭 색즉시공 공즉시색의 경지를 체득하고 본래무일물의 대자재와 대평화와 대행복의 묘용을 한껏 누리옵소서.

3. 아니다 아니다

제법諸法이란

이제 설주說主이신 관자재보살께서는 두 번째로 '**사리자여**'하고 부릅니다.

사리자 시제법공상 불생불멸 불구부정 부증불감 舍利子 是諸法空相 不生不滅 不垢不淨 不增不減.

반야심경에서 사리자의 이름을 부른 것은 바로 앞의 '**사리자 색불이공 공불이색 색즉시공 공즉시색…**' 말고는 이 구절뿐입니다. 이 두 구절이 가장 요긴하고 난해하여 특별히 마음을 모아야 할 대목이기 때문에 이름을 부른 것입니다.

그리고 경에서는 '**사리자여**'라고 하였지만, 달리 이야기하면 지금 반야심경을 독송하며 깨달음을 열고 있는 우리들 자신을 부르고 있다는 것을 잊어서는 안 됩니다. 따라서 이 구절을 읽을 때는 '사리자' 대신 '나'의 이름을 부르는 듯이 느낄 수 있으면 더욱 좋습니다.

관자재보살께서는 주위를 환기시키고 마음을 잘 모으도록 하기 위해 이름을 부른 다음 '시제법공상是諸法空相'이라 하셨습니다. '이 법들의 공한 모습은'이라고 하신 것입니다. 여기서 잠깐 '법法'이라는 단어에 대해 살펴봅시다.

법法은 범어 다르마Dharma를 뜻으로 번역한 단어입니다. 이 다르마는 불교에서 처음으로 사용한 단어가 아닙니다. 약 4천 년 전의 인도 고대 문헌인 『베다』에도 가끔씩 보이고, 그 뒤의 힌두교 성전에서도 즐겨 사용되었던 용어입니다.

이 다르마는 '유지한다, 질서를 지킨다'는 뜻의 '다르dhr'라는 동사어근動詞語根에서 파생된 말로써, 처음에는 '~을 유지하는 것, 질서를 지키는 자' 등의 의미로 사용되었습니다. 그러다가 인도철학이 발달하면서 매우 다양한 뜻을 지닌 말로 사용되었는데, 크게 열 가지 정도로 정리할 수 있습니다.

① 풍습·관례·행위규범　② 책임·의무·도리
③ 사회의 제도와 질서　④ 덕·선행
⑤ 대우주법계의 원리　⑥ 종교적 의무
⑦ 진리·진실·이법理法　⑧ 진리에 계합하는 규범
⑨ 본질·성질·특질　⑩ 의식의 대상이 되는 모든 것.

인도에서 발생한 불교는 이러한 다양한 의미를 모두 수용하면서도 특히 두 가지 측면에 초점을 맞추어 다르마, 곧 법法의 뜻을 강조하고 있습니다.

첫째는 해탈의 의지처가 되는 부처님의 가르침입니다. 곧 삼보三寶의 하나로서, 이 법을 불교에서는 교법教法이라고 합니다. 불경 속에 담겨져 있는 삼법인·사제·팔정도·십이인연·육바라밀·공 등의 모든 가르침이 교법입니다. 하지만 부처님께서는 이 교법들을 새롭게 만들어낸 것이 아니라고 하셨습니다.

"내가 이 세상에 나타나기 전에도 이 법은 있었고, 내가 열반에 든 뒤에도 이 법은 그대로 남아 있다."

석가모니께서는 언제나 있는 이 법을 깨달아 부처가 되셨고, 중생을 깨닫게 하기 위해 45년 동안 한결같이 이 법을 설하셨습니다. 소승불교에서는 부처님께서 설하신 것만을 '법'이라 하였지만, 대승에서는 어느 때 어느 곳을 가릴 것 없이 항상 충만되어 있는 진리를 '법'으로 정의하였습니다.

이러한 법의 뜻에 준하여 보면, 중생의 고통과 불안을 덜어주고 행복과 평화로운 삶을 열어주는 가르침이 부처

님의 교법이요, 부처가 될 수 있는 방법을 설한 것이 불법
佛法임을 알 수 있습니다.

법의 두 번째 뜻은 '사물事物, 존재하는 어떤 것'입니다.
이 세상에 존재하는 것 하나하나를 다 법이라고 합니다.
바로 우리들 의식의 대상이 되는 사물이나 현상·개념 등
을 모두 법이라는 한 글자에 모았습니다.

'시제법공상'의 제법諸法은 여기에 해당하는데, 정신적
인 것이건 물질적인 것이건 대상화되는 '일체의 것'을 지
칭하는 단어입니다.

이 '제법'의 법法 속에는 '그렇게 되게끔 되어 있는 것,
그렇게 있게끔 되어 있는 것'이라는 뜻이 담겨져 있습니다.

지금의 내가 이렇게 있는 까닭, 이 사회가 이렇게 있는
까닭, 이 나라가 이렇게 있는 까닭은 분명히 있습니다. 곧
존재의 법칙은 분명히 있으며, 그 법칙 따라 움직이는 세
계가 법계法界입니다.

그럼 존재의 법칙은 어떠한 법인가? 인연법因緣法입니다.
인因(원인)과 연緣(환경)과 업業(행위)과 과果(결과)의 네 글
자로 구성된 인연법에 의해 모든 것이 있게 되고 되게끔
된다는 것입니다.

탐욕과 분노와 어리석음에 사로잡힌 인연이 계속되면
지옥·아귀·축생의 세계라는 삼악도三惡道 속으로 빠져

들게끔 되어 있고, 보시·지계·인욕 등의 좋은 인연을 쌓으면 보다 향상된 세계로, 더욱 나아가 선정과 지혜를 익히면 부처의 경지로 나아가게끔 된다는 불변의 사실을 '그렇게 되게끔 되어 있는 존재의 법칙'이라고 하는 것입니다.

여기서 우리는 한 가지 사실에 주의하여야 합니다. 존재의 법칙인 인연법이 '인·연·업·과' 네 글자의 순서 따라 단순하게 전개되는 것이 아니라는 사실입니다.

'우리의 마음가짐[因]이 환경[緣]을 만나 갖가지 업業을 짓고 과보[果]를 받는다'는 식의 일직선적인 논리로만 전개되는 것이 아니라 매우 복합적으로 전개되고 있다는 사실입니다. '지금 이 자리'를 놓고 이야기해 봅시다.

시시각각 우리에게로 다가오는 '지금 이 자리'는 언제나 과보[果]의 순간이면서 새로운 인因(씨)을 심는 자리입니다. 동시에 지금 이 자리는 또 다른 인의 연緣(환경)이 되기도 하고 업을 맺는 순간이 되기도 합니다. 곧 지금 이 자리가 바로 '인·연·업·과'를 동시에 맺고 푸는 자리입니다.

이와 같이 복합적으로 맺고 푸는 무수한 인·연·업·과의 흐름 따라 지금의 내가 매 순간 존재하게 되고, 그 흐름이 연속되어 끊임없이 변화하는 모습을 나타내게 되는 것입니다.

존재의 법칙인 인연법은 불변의 진리요 불교의 특징입니다. 이 인연법이야말로 부처님의 위대한 발견이며, 우리가 불교를 믿어 향상된 삶을 이룰 수 있는 까닭도 이 인연법에 근거를 두고 있습니다.

비록 이제까지 탐욕과 분노와 어리석음 속에서 살아왔고 나쁜 업을 많이 지었다고 할지라도, '지금 이 자리에서' 깊은 신심으로 참회하고 맺힌 것을 풀면, 새로운 모습으로 탈바꿈하여 복을 얻게 되고 깨달음을 이룰 수 있게 된다는 법칙.

그 누가 존재의 법칙인 이 인연법을 벗어날 수 있겠습니까? 부디 잊지 마십시오. '나'에게 다가오는 모든 것이 '나'의 인·연·업·과로 말미암은 것임을! 내가 심고 내가 만들고 내가 짓고 내가 받는 것일 뿐, 신이 만들어낸 것도 우연히 이루어진 것도 아닙니다.

꼭 기억하십시오. '나'의 모든 것은 '나'의 책임입니다. 그렇게 되게끔 되어 있는 존재의 법칙, 그 인연의 법칙에 따라 '나'는 '지금 이렇게' 있는 것이며, 이것을 명확히 알고 노력하면 누구나 복되고 향상된 삶을 이루어 낼 수 있게 됩니다. 이제 제법공상諸法空相으로 넘어갑니다.

제법의 공한 모습

이미 살펴보았듯이 **제법諸法**은 그렇게 되게끔 되어 있는 모든 것〔一切〕입니다. 앞에서 제시한 법의 정의들을 모두 포함하고 있는 모든 것입니다. 그리고 제법공상의 **공空**은 실체가 없는 무아無我를 뜻하므로, '제법공諸法空'은 삼법인三法印의 두 번째인 **제법무아諸法無我**와 같은 뜻이 됩니다.

따라서 이제까지 이야기한 공空의 뜻에 대입시켜 제법공상諸法空相을 해석하면

· 인연법에 의해 존재하는 모든 것의 공한 모습은
· 집착을 놓고 거짓을 비워버렸을 때의 모습은
· 오온, 곧 물질계와 정신계의 공한 모습은
· 색이 곧 공임을 깨달아 진공眞空이 되었을 때의 모습은
· 무아를 체득하여 일법계一法界를 이루면
· 모두가 공한 일법계의 참모습은

등으로 풀어낼 수 있습니다.

그럼 이 **상相**들의 본질적인 모습은 어떠하다는 것인가? 반야심경에서는 '**불생불멸不生不滅**이요 **불구부정不垢不淨**이며 **부증불감不增不減**이라 하였습니다.

그리고 옛날 큰스님들께서는 '색불이공 공불이색 색즉시공 공즉시색'에서와 같이, 범부와 소승과 대승의 수행

자(보살)들이 빠지기 쉬운 그릇된 집착을 파하여 향상의 길을 열어주고자 다시 한번 '불생불멸·불구부정·부증불감'을 설한 것이라고 보았습니다.

곧 범부는 죽고 사는 데 집착하여 죽음을 싫어합니다. 이러한 범부들에게 생멸이 아닌 영원한 생명력으로 살고 있음을 깨우치고자 **불생불멸**을 설하였다고 합니다.

또 소승의 성문들은 더럽고 깨끗함에 집착하여 스스로를 청정한 수행자라고 하면서 더러움을 배척하는데, 이 잘못을 깨우치고자 더러움도 깨끗함도 없다는 **불구부정**을 설하였다고 합니다.

대승의 수행자는 불생불멸·불구부정의 도리를 깨닫고는 있지만, 스스로가 완전한 깨달음을 갖추고 있다는 것을 아직 체득하지 못하고 있습니다. 그래서 더 증득할 것도 버릴 것도 없다는 **부증불감**의 가르침으로 대승인을 깨우쳐주고 있다는 것입니다. 이를 도표화해 봅니다.

반야심경	대 상	깨닫고 증득하는 바
불생불멸	범 부	영원한 생명력에 대한 자각
불구부정	소승인	흔들림 없는 자비심 평등한 보살행
부증불감	대승인	본래 갖추어진 만덕萬德 원만·성취·진실상圓成實相

불생불멸不生不滅

이제 이들 셋 중 불생불멸에 대해 자세히 살펴봅시다.

범부에게 있어 가장 큰 일은 생멸生滅입니다. 생사일대
사生死一大事, 나고 죽는 일이야말로 가장 큰 일입니다.
특히 생명을 가진 존재들에게 있어 '멸한다·죽는다'는 것
은 두렵기 그지없는 숙명입니다.

그런데도 반야심경에서는 **불생불멸不生不滅**이라고 하였
습니다. 공즉시색, 곧 색(妙有)을 발현하는 진공眞空의 입
장에서 보면 나는 것도 아니요 멸하는 것도 아니라고 하
였습니다.

왜? 현실 속에는 분명히 생사가 있고 생멸이 있는데 어
째서 불생불멸이라 하셨는가? '불생불멸'이라는 구절 속
에는 어떠한 가르침이 담겨져 있는가?

바로 우리들 범부로 하여금, **'생멸도 생사도 영원한 생
명력에 의한 것'**임을 깨닫도록 하기 위함입니다.

풍선을 예로 들겠습니다. 내가 불어 내가 만들어 낸 나
의 풍선에는 생멸이 있습니다. 생겨나고 머물고 사라짐이
있습니다.

'나'의 업業과 습習, 익힌 버릇과 원願을 따라 나름대로
의 풍선을 만든 모든 중생은 대우주법계에 모습을 드러

냅니다. 그리고는 풍선 속에 갇혀 업 갚음을 하고 업 풀이를 하면서 새로운 업과 습과 원을 만들고, 생존의 발버둥을 치며 살다가, 이 생과의 인연이 다하면 **풍선이 쪼그라드는** 것입니다. 이것이 **생멸**입니다.

그러나 잘 생각을 해보십시오. 풍선 속의 허공과 풍선 밖 대우주법계의 허공이 다릅니까? 절대로 아닙니다. 하나일 뿐입니다.

그런데도 중생은 스스로가 만들어낸 자아라는 풍선의 껍질로 안과 밖을 철저히 구분하고 '나와 너'를 구분합니다. 그리하여 삶도 '나'만의 특별한 삶이라 착각하고 죽음도 '나'만의 특별한 죽음이라 착각합니다. 원래는 '나'가 없는 것[無我^{무아}]인데도…. 풍선 속과 풍선 밖의 허공이 같은 것인데도….

이제 이 **풍선 안과 밖**의 허공을 **생명**生命으로 바꾸어 보십시오. 그때는 어떻습니까? 전체가 하나의 생명입니다. 내 생명·네 생명이 아니라, 모두가 한 덩어리의 생명일 뿐입니다. 이렇게 전체를 한 덩어리의 생명으로 보는 것! 이것이 바로 **불생불멸**不生不滅의 의미입니다.

이 대우주법계는 하나의 큰 생명력으로 이루어져 있습니다. 그래서 일법계一法界라고 합니다. 하나의 참된 생명력이 가득한 세계라 하여 일법계一法界라고 합니다.

그런데 바로 그 생명력이 업業과 습習과 원願에 순응하여 사람도 만들어내고 축생도 만들어내고 여러 가지 중생도 만들어 냅니다. 나도 만들고 너도 만들며, 여러 인종과 민족도 만들어 냅니다.

이렇게 일법계의 큰 생명력이 각각 다른 모습의 모든 것을 만들어 내지만, 모습을 달리하고 있는 그 각각의 모습들 속에 일법계의 생명력이 다 간직되어 있기 때문에, 여러 경전에서 '일즉일체一卽一切요 일체즉일一切卽一'이라고 하신 것입니다.

죽는다! 과연 일법계一法界·일진법계一眞法界의 입장에서 본다면, 내가 불어서 만든 풍선이 아니라 전체 허공의 입장에서 본다면, 전체를 하나의 생명력으로 본다면 우리가 맞이하는 죽음은 정녕 죽는 것입니까?

아닙니다. 결코 죽는 것이 아닙니다. 태어나는 것도 일법계에 가득한 생명의 기운이 '나'라는 풍선 속으로 들어가 태어나는 것이요, 죽는 것도 자아의 풍선 속에 갇혀 있던 허공이 일법계의 허공과 하나가 되는 것입니다.

업 따라 습 따라 원 따라 어떤 특정한 모습의 풍선이 되었다가, 이 생에서의 할 일을 마치면 또다시 일법계인 진공眞空으로 돌아갑니다. 그리고 새롭게 쌓은 업과 습과 원에 의해 새로운 형태의 풍선을 만들어 또 다른 생을 살게 되는 것입니다.

생명력으로 나고·살고·죽는다

불교를 믿는 분이라면 여기까지는 잘 이해가 될 것입니다. 다시 한번 정리를 합시다.

생멸은 무엇에 근거를 두고 있을까요? 대우주법계에 가득한 불생불멸의 생명력에 의해 생멸하는 것입니다. 진공眞空 속에 충만된 생명의 기운에 의해 생멸하는 것입니다.

따라서 '대법계에 충만되어 있는 생명력을 받아 태어난다'는 말은 쉽게 이해를 할 것입니다. 그리고 '태어나서 죽기까지의 중간과정을 생명의 기운으로 산다'는 말도 능히 이해가 될 것입니다.

그럼 '죽는 것도 생명의 기운으로 죽는다'는 말은 어떻습니까? 잘 이해가 갑니까?

"죽음의 기운이 아니라 생명의 기운으로 죽는다."

누구나 늙고 병들게 되면 육체의 감각기관은 점점 무디

어지고, 오장육부는 제 기능을 발휘하지 못하게 됩니다. 평소에 건강관리를 잘하고 병원을 찾고 보약 등을 먹으면 어느 정도 그 기능을 되살릴 수도 있고 건강하게 지낼 수도 있습니다. 그러나 마침내는 '나'의 노력이나 약이나 의술의 힘으로 어떻게 할 수 없는 순간에 이르게 되고 죽음을 맞게 됩니다.

그렇다면 정녕 이 죽음이 죽음의 기운에 의한 것입니까? 단연코 아닙니다. 생명력으로 죽음을 맞이하는 것이요, 새로운 생명력을 받는 과정일 뿐입니다.

우리의 몸을 옷이라고 해봅시다. 업도 많고 습도 많은 우리는 그 업과 습을 따라 나름대로의 옷을 입고 태어납니다. 평생 입는 그 옷은 그야말로 단벌입니다. 그런데 조금 해졌을 때는 짜깁기를 잘하여 새 옷처럼 입을 수 있습니다. 적당히 닳아 떨어졌을 때는 다른 천을 그 위에 대고 기워 입을 수도 있습니다.

그러나 너무 해져 수선을 하기 어렵게 되었을 때는 어떻게 해야 합니까? 해진 그 옷이 좋다며, 애착이 간다며 끝까지 입으려 해야 합니까? 아닙니다. 당연히 새 옷으로 갈아입어야 합니다. 헌 옷을 벗어버리고 새 옷으로 갈아입어야 합니다.

더 냉철하게 이야기하면, 법계에 가득 차 있는 생명의

기운이 헌 옷을 벗도록 만듭니다. 새 옷을 입고 새롭게 생명력을 발휘하라는 것입니다.

죽음을 통하여 새 옷을 입게 하는 것! 이것은 생명을 생명답게 살아나도록 하는 것입니다. 생명력 있게 살도록 만드는 것입니다.

왜? 일법계가 생명력으로 가득 충만 되어 있기 때문입니다. 따라서 법계의 모든 존재는 생명력으로 움직입니다. 다만 업과 습과 원에 따라 생존 양식을 달리할 뿐, 하나의 큰 생명력으로 움직이는 것은 모두가 마찬가지입니다.

이 법계에 가득 차 있는 생명력. 그 생명력은 **불생불멸 不生不滅**입니다. 생겨났다가 사라지는 것이 아닙니다. 언제나 충만 되어 있습니다. 오히려 생멸하는 것은 색色입니다. 우리의 색신色身입니다. 이미 우리는 공부하지 않았습니까? 생멸하게끔 되어 있는 것이 색色이라는 것을….

이제 저는 이 불생불멸의 생명력과 관련하여 한 가지 요긴한 당부를 드리고자 합니다. 꼭 새기고 실천했으면 하는 당부를….

우리는 이 불생불멸의 도리를 깨달아 '나'의 색신에 대한 헛된 집착을 놓아버릴 줄 알아야 합니다. 색신에 대한 헛된 집착을 놓아버리고 불생불멸의 생명력으로 살아야 합니다. 그리고 죽음의 소식, 색신의 죽음이 다가오고 있음을 느끼게 되면 새 옷에 대한 준비를 서서히 할 줄 알아야 합니다.

무엇이 죽음의 소식인가? 불치의 병에 걸리거나 기력이 고갈되어가는 것만을 죽음의 소식으로 보지 않습니다. 흰머리가 많아지고 온몸의 기능이 서서히 무너지는 것 등도 염라대왕의 소식입니다. 이 소식이 전해지고 있음을 느낀다면 새 옷을 입을 준비를 해야 합니다.

무엇이 새 옷을 입을 준비일까요? 새 생을 받을 때는 어떤 나라 어떤 집안 어떤 환경에 태어나 어떠한 사람들과 연을 맺고 어떠한 일을 하며 살겠다는 등의 원願을 세울 줄 알아야 합니다.

그 원은 사람마다 당연히 다를 수 있습니다. 하지만 그 원을 잘 다듬고, 그 원을 이룰 수 있는 힘은 누구나 다 길러야 합니다. 그래야만 원願에 힘〔力〕이 모여야, 그 원력願力으로 원을 성취할 수 있습니다.

그럼 원을 이룰 수 있는 힘〔願力〕을 기르는 방법은 무엇일까요? 살아온 생을 돌아보며 마음에 맺힌 응어리들을 풀면서 참회할 것은 참회하고 감사할 것은 감사하는 것, 새로운 원의 성취를 기원하며 염불·보시 등의 공덕을 쌓는 것이 원의 힘〔力〕을 기르는 방법입니다.

이렇게 새 생에 대한 원을 세우고 힘을 기르는 것을 불교에서는 **말년회향**末年廻向이라고 합니다.

나는 앞서가신 큰스님들께서 새 생을 바라보며 말년회향에 힘을 기울이는 것을 많이 보았습니다. 왜 큰스님들께서 말년회향에 힘을 기울였을까요?

우리의 다음 생을 받게 하는 **업**業**과 습**習**과 원**願**의 힘** 중에서 가장 앞서가는 것이 **강한 원의 힘**이기 때문입니다. 원의 힘이 강하면 업도 뒤로 물러나고 습習도 바뀌기 때문입니다. 원을 어떻게 잘 세우고 얼마만 한 힘을 기르느냐? 이에 따라 앞으로 입게 될 '나'의 옷이 바뀌게 되기 때문입니다.

명심하십시오. 이 법계는 불생불멸不生不滅입니다. 불생불멸이므로 어차피 일법계의 생명력에 의해 우리는 또 다른 옷으로 갈아입습니다. 생명의 기운으로 헌 옷을 버리고 새로운 옷으로 갈아입습니다. 과연 우리 불자님들은 어떤 옷을 택할 것입니까?

우리의 본질은 생멸生滅이 아닙니다. 원래가 불생불멸인 대법계의 생명력 그 자체인 존재입니다. 생멸이 아니라 불생불멸의 존재인 우리! 과연 우리는 어떻게 살아야 할까요? 이것을 깨우쳐 주고자 반야심경에서 '불생불멸'을 설한 것입니다.

불구부정不垢不淨

사람들이 품고 있는 생각들을 '아니다·아니다'라는 부정을 통하여 누구나가 간직하고 있는 마하반야의 세계를 깨닫게끔 하는 불생불멸·불구부정·부증불감의 가르침. 이제 **불구부정**에 대해 조명해봅시다.

색불이공色不異空을 통하여 색과 공이 다르지 않음을 깨닫게 되면 색에 대한 꿈에서 깨어납니다. 세속에 대한 집착을 버립니다. 애착을 버립니다. 그러므로 범부가 두려워하는 생멸을 뛰어넘어 출가인의 위상을 갖춘 승려(聲聞)가 될 수 있습니다.

하지만 아직은 길이 멉니다. 그들은 **공불이색空不異色**의 경지에 빠져있습니다. 생멸은 넘어섰지만, 아직은 색과 상대적인 관계에 놓인 공에 집착하고 있습니다. 그들의 공은 색과 다를 바가 없습니다.

정녕 풍선과 같은 자아를 참 '나'로 삼지 않고, 일법계·일진법계를 참 '나'로 삼으려면 **색즉시공色卽是空**의 경지에 이르러야 합니다. 이 경지에 이르면 편협함이 없고 고집이 없으며 자기사랑(我愛)이나 아만을 찾아볼 수 없습니다. 진공眞空의 마음을 가졌는데 어찌 이와 같은 것이 있겠습니까?

그럼 그에게는 무엇이 있을까요? 크나큰 자비심이 가득합니다.

더럽지도 않고 깨끗하지도 않다[不垢不淨].

더러움과 깨끗함을 함께 초월하라는 불구부정의 가르침을 앞의 [표](P.130)에서는 성문인 소승小乘을 대상으로 삼은 법문이라 하였습니다. 꼭 소승이 아닐지라도, **불구부정**은 자기의 증득한 지위에 얽매이고 자신이 만들어놓은 관념에 빠져 살거나 울타리에 갇혀 사는 이들과, 향상의 길을 걷는 수행자가 지녀야 할 마음가짐과 고쳐야 할 바를 깨우쳐 주고 있습니다.

대부분의 사람들은 더러운 것을 싫어하고 깨끗한 것을 좋아합니다. 추한 것을 싫어하고 아름다운 것을 좋아합니다. 내 마음에 어긋나는 것을 싫어하고 마음에 드는 것을 좋아합니다. 감정상으로 좋아하고 싫어하는 것이 너무나 분명한 것이 오늘날의 사람들이요, 본질보다는 눈에 보이는 현상에 빠져 사는 존재가 범부입니다.

그래, 범부야 그렇다 치고, 향상의 길을 걷는 수행자는 어떠해야 하는가? **불구부정**입니다. 단연코 싫어하고 좋아하는 것을 넘어서야 합니다. 중국 선종의 제3조第三祖인 승찬대사의 『신심명信心銘』은 이렇게 시작됩니다.

지극한 도는 어렵지 않네	至道無難	지도무난
버릴 것은 오직 간택심 뿐	唯嫌揀擇	유혐간택
밉다 곱다는 마음이 없으면	但莫憎愛	단막증애
탁 트이어 도리어 명백하니라	洞然明白	통연명백

싫어하고 좋아하는 마음, 밉다·곱다는 마음만 없으면 저절로 탁 트이어 지극한 도와 합한다는 것입니다. 지극한 도를 이루고자 하면, '나'에게 맞추어 밉다·곱다고 분별하는 생각만 버리면 된다는 가르침입니다. 이것이 바로 도를 이루는 비결입니다.

이것을 반야심경에서는 **불구부정**으로 표현하였습니다. 진공眞空, 곧 마하반야를 원래 입장에서 보면 깨끗한 것도 더러운 것도 없고 좋아할 것도 싫어할 것도 없으니 불구부정의 마음으로 살아라는 것입니다. 실로 이러한 마음으로 살면 '나'의 울타리를 쉽게 벗어나 향상의 길을 걷고, 자비의 보살행을 잘 실현할 수가 있습니다.

이러한 뜻에서 예부터 불교에서는 추하고 깨끗함, 귀하고 천함, 높고 낮음을 모두 떠나 평등하게 공양을 베풀거나 법을 설하는 무차대회無遮大會를 많이 열었습니다.

무차대회는 차별 없이 베푸는 법회입니다. 그런데 베푸는 중생의 마음에 차별이 없기만 했겠습니까? 하여 가사

장삼을 잘 입고 무차대회에 가면 극진한 대접을 받고, 누더기 옷을 입고 가면 입구에서부터 막는 푸대접이 일어나곤 하였습니다. 그 때문에 이 차별심을 깨우치는 일들이 종종 시현되었습니다.

❀

옛날 북인도 계빈국의 삼장법사三藏法師는 왕이 여는 무차대회에 허름한 옷을 입고 갔다가, 문전박대를 받았습니다. 스님이 이웃 절로 가서 깨끗한 가사를 빌려 입고 다시 찾아가자 왕은 여러 가지 좋은 음식을 베풀었습니다. 스님은 그 음식을 입으로 먹지 않고 옷 위에 놓기 시작했습니다. 왕이 "어찌하여 음식을 옷 위에 놓는지?"를 묻자 스님은 답했습니다.

"내가 누추한 차림으로 들어오려 하자 저지를 당하였는데, 이 옷으로 갈아입고 나니 막지를 않더이다. 지금 이토록 좋은 음식들을 공양받게 된 것이 이 옷 덕분이니, 마땅히 이 옷에게 음식을 주어야 하지 않겠소?"

❧

이와 같은 이야기는 우리나라에도 많이 전해지고 있습니다. 신라 효소왕이 망덕사에서 재를 베풀었을 때 초라한 행색으로 나타나 공양을 받았던 진신석가眞身釋迦 이야기며, 아상我相 때문에 문수보살을 친견하지 못했던 자장율사慈藏律師 이야기들도 같은 깨우침을 주고 있습니다.

이제 이러한 불구부정의 가르침과 관련하여 베풀고 봉사하는 일이나 법보시에 대해 잠깐 언급하겠습니다.

봉사활동이나 법보시를 하는 분들께 "왜 봉사를 하느냐?", "왜 법보시를 하느냐?"고 물으면, 대부분이 '복을 닦기 위해서'라는 답보다는 '무언가 좋은 일을 하고 싶어서'라고 합니다. 이 얼마나 거룩한 보살의 마음입니까? 바로 이 마음이 자비심입니다.

그런데 자원봉사나 법보시를 하는 분들 중에는 '보람과 의미가 없다'고 하는 분이 간혹 있습니다. 왜 보람이 없다고 하는가? 멀쩡하게 차려입은 노인들이 와서 공양을 받고, 희망이 보이지 않는 무례한 노숙자들이 많기 때문이라는 것입니다. 그리고 아까운 돈을 들여 법보시를 하였는데, 책을 제대로 보지 않는다는 것입니다.

그러나 이러한 생각으로 봉사를 하게 되면 참다운 법보시, 참다운 봉사를 이루어낼 수 없을 뿐 아니라, 공덕 또한 반감이 됩니다. 그래서 저는 이야기 합니다.

"우리가 법보시를 하거나 봉사의 마음을 낼 때 법계는

움직이기 시작하고, 법보시나 봉사를 잘하였을 때 법계의 좋은 파장은 나와 저절로 하나가 됩니다. 법계에 가득 찬 대공덕이 나와 함께하게 되는 것입니다.

그런데 분별에 빠지고 공연한 갈등을 일으키게 되면 다가왔던 법계의 대공덕도 다시 가고, 수행도 되지 않습니다. 그 말씀도 틀린 것은 아니지만, 그냥 하는 날까지 정성껏 봉사하고 법보시하십시오."

그분들의 말뜻을 제가 어찌 몰랐겠습니까? 다만 갈등 없고 분별없이 평화로운 마음으로 봉사를 하고 법보시를 하라는 것입니다.

갈등없는 평온한 마음, 분별없는 정성스런 마음으로 봉사하고 법보시를 하는 것! 이것이 머무르는 바 없이 베푸는 무주상보시無住相布施입니다. 그래야만 무차공양을 이루어 불구부정不垢不淨에 맞는 참수행을 이룰 수 있고, 무한복력無限福力을 쌓을 수 있습니다.

❀

옛날 한 의사가 군의관으로 자원을 하여 전투 중에 다친 부상병을 치료해주고 있었습니다. 화살을 맞아 고통스러워하는 장군, 칼에 베어 피를 흘리는 병사, 풍토병으로 신음하는 사람들로 가득 찬 야전병원은 전쟁터 이상으로 처절한 곳이었습니다.

그 속에서 군의관은 정성껏 환자들을 돌보았습니다. 부상병들이 쾌차하는 것을 기쁨으로 삼고 고단함도 잊은 채 열심히 의술을 베풀었습니다.

그런데 치료를 받은 부상병들은 회복되기가 무섭게 전투에 재투입되어 목숨을 잃거나 또다시 부상병이 되어 실려 오는 것이었습니다. 이런 상황이 자꾸만 되풀이되자 군의관은 차츰 회의에 빠져들었습니다.

'그들의 운명이 이미 죽도록 정해져 있다면, 애써 그들을 치료하여 살려낼 이유가 무엇인가? 그들을 살려서 보다 나은 삶을 갖도록 하기 위해 치료하는 것인데, 또다시 전쟁터로 나가 죽기까지 하니…. 차라리 내가 치료를 하지 않아 부상을 입은 상태로 살도록 하면 최소한 죽지는 않을 것인데…'

생각을 하면 할수록 그는 '환자를 살리는 의사'로서의 명분을 잃어갔고, 자신의 모든 봉사가 헛되게만 여겨졌습니다. 그에 따라 최선을 다해 부상자를 치료했던 처음과는 달리, 차츰 형식적으로 환자를 치료하는 무성의한 의사로 바뀌어 갔습니다.

마침내 그는 군의관 노릇을 그만두고 깊은 산 속의 암

자로 들어갔습니다. 그리고 그 암자에서 스님과 함께 참
선을 하며 몇 달을 보냈는데, 어느 날 문득 한 생각이 뇌
리를 쳤습니다.

"아! 그렇지. 나는 의사이니까!"

그 길로 산을 내려온 그는 전쟁터로 나아가 열심히 열
심히 부상병을 치료하였습니다. 조그마한 회의나 갈등도
없이….

8

"나는 의사이니까!"

바로 이것입니다. 환자를 치료하는 의사는 '나'의 뜻에
맞고 맞지 않음, 의미가 있고 없음을 따질 것이 아닙니다.
이것이야말로 망상입니다. 인연 따라 다가오는 환자를
정성껏 치료하는 것이 의사의 임무요, 그 임무를 다하는
것이 자비행의 실천입니다.

실로 **불구부정**은 우리가 임하고 있는 자리에서 더러움
과 깨끗함, 맞고 맞지 않음을 초월하고 '나'의 울타리를
넘어서서 참된 보살행을 정성껏 실천하라는 가르침입니다.

원래 진공眞空에는, 이 일법계一法界에는 더럽고 깨끗함,
맞고 맞지 않음이 따로 없습니다. 그 모두가 풍선과 같
은 자아가 일으킨 분별망상일 뿐입니다. 이러한 상대적
인 분별망상을 떠나 지금 이 자리에서 정성껏 베풀며 사

는 것! 이것이 소승의 틀을 깬 참된 보살의 삶이라는 것
을 잊어서는 안 됩니다.

일승으로 나아가기 원하거든　　欲趣一乘 욕취일승
육진을 싫어하지 말라　　　　　勿惡六塵 물오육진
육진을 싫어하지 않으면　　　　六塵不惡 육진불오
도리어 정각을 이루느니라　　　還同正覺 환동정각

눈·귀·코·혀·몸·뜻의 육근六根으로 느끼는 육진六塵
경계들. 이 색·성·향·미·촉·법色聲香味觸法의 여섯 티끌
들을 싫어하지 않으면 도리어 정각을 이룬다고 하신 승
찬대사의 말씀이야말로, 불구부정의 뜻을 깨우쳐주는 참
법문이라 하지 않을 수 없습니다.
　바라옵건대, 불자들이여. 쉽지는 않겠지만 분별망상을
떠난 불구부정의 진리를 꼭 생활 속에다 적용시켜 보십시
오. 틀림없이 무주상의 참된 보살로 탈바꿈하고 정각을
이루어 대법계의 무한복덕을 한껏 누리고 베풀며 살게 되
리니….

부증불감不增不減

모든 것의 공한 모습[諸法空相]에 대한 세 번째 가르침은 '늘어나는 것도 줄어드는 것도 아니다[不增不減]'입니다.

부증불감!

사실 자아의 풍선 안에 갇혀 사는 중생의 모습은 크기도 하고 작기도 합니다. 그 풍선은 늘어나기도 하고 줄어들기도 합니다. 업業따라 습習따라 원願따라 그 풍선에는 증감이 있고 그때그때 모습이 바뀝니다.

그러나 자아의 풍선을 터뜨려 풍선 속의 공기가 일법계一法界의 공기와 하나가 되었을 때는 어떠합니까? 허공과도 같이 모든 것을 감싸고 있는 일법계는 정녕 어떠합니까? 이 글을 읽는 불자들은 이제 능히 알 것입니다. 일법계에는 증감이 없다는 것을! 늘어나지도 줄어들지도 않는다는 것을!

실로 이 일법계는 늘어나거나 줄어들지 않습니다. 우리의 진정한 본성인 일법계의 마음[一法界心]은 언제나 한결같을 뿐입니다. 그래서 『금광명경 金光明經』에서는 '여여如如'라고 표현하였습니다. '그 참됨이 영원하여 변하지 않기 때문에 한결같다[眞常不變故 如如]'라고 한 것입니다.

허공과도 같은 일법계는 인연 따라[隨緣]^{수 연} 증감의 모습을 나타낼 뿐, 결코 변하지 않습니다[不變]^{불 변}. 오직 한 덩어리의 일법계인데, 양적으로든 질적으로든 어찌 변할 수가 있겠습니까?

잘 명심하십시오. 우리의 마하심은, 우리의 본성인 일법계심一法界心은 업業에 의해 증대하지도 않고 축소되지도 않습니다. 주객이 나누어지지 않은 하나의 일법계는 불어나는 일도 줄어드는 일도 없습니다.

자아의 풍선을 터뜨려 이 부증불감의 일법계심을 회복해 보십시오. 그 안에 모든 것이 갖추어져 있습니다. 쓰고 또 써도, 베풀고 또 베풀어도 줄어들지 않는 무궁무진한 보배가 언제나 한결같이 있습니다. 동시에 채우고 또 채워도 메꾸어짐이 없이, 진공眞空의 자리는 언제나 비어있습니다. 그래서 원효대사께서는 말씀하셨습니다.

있다고 하자니 한결같은 모습으로 텅 비어있고
없다고 하자니 만물이 모두 이로부터 나오누나

引之於有　一如用之而空　인지어유 일여용지이공
獲之於無　萬物乘之而生　획지어무 만물승지이생

이러한 뜻을 지닌 것이 일법계요 진공의 세계이기에, 반야심경에서는 부증불감임을 천명하여 아직 자리이타의 경지에 집착하고 있는 보살들을 꾸짖습니다.

"한결같이 텅 비어 있는데 애써 비울 것이 무엇이며, 모든 것이 이로부터 나오고 원래로 다 갖추어져 있는데 무엇을 더 이루려 하고 무엇을 더 갖추려고 하느냐? 우리의 마하심에는 보살들이 추구하는 부처님의 만덕萬德과 만복萬福이 원래 그대로 갖추어져 있다. 이 마하심이 모자람도 남음도 없다는 것을 깨달아 진공묘유眞空妙有의 자리에서 살아라. 이것이 부증불감을 설하는 까닭이다."

승찬대사께서도 『신심명』을 통하여 이를 분명히 천명하셨습니다.

원만하기가 태허공과 같아	圓同太虛	원동태허
모자람도 남음도 없건만	無欠無餘	무흠무여
취하고 버리는 마음 때문에	良由取捨	양유취사
한결같지가 못하도다	所以不如	소이불여

누구나 갖추고 있는 마하심, 그 원만한 마하심은 태허공과 같아서 넉넉함과 부족함, 모자람과 남음을 모두 넘

어서 있습니다. 그래서 도를 깨달은 이들은 언제나 밝고 평화롭고 넉넉하고 한가롭게 살아갑니다.

더욱이 관세음보살이나 지장보살님, 문수보살이나 보현보살님과 같은 대보살님들은 어떤 실천을 하고 계실까요?

그분들은 부증불감의 도리를 깨달았기 때문에 부처의 지위도 바라지 않고 지옥으로 들어서는 것도 마다하지 않습니다. 대보살님들은 언제나 마하심으로 대자비를 실천하고, 중생들에게 마하심을 깨우치고자 할 뿐입니다.

대보살님들의 자비행은 시작도 끝도 없습니다. 그 자비행은 이 생에서 시작하여 저 생에서 끝을 내는 실천이 아닙니다. 부처의 지위에 올라간다고 하여 끝을 내는 실천이 아닙니다.

오히려 일체중생이 다 성불하기 이전에는 성불하지 않겠다는 서원을 먼저 세우고, 그 서원을 따라 시작도 끝도 없는 자비의 길을 걸을 뿐입니다.

그렇다고 이들 대보살님의 노력이 부처님에 비해 크게 못 미치고, 복덕이 크게 모자라는 것일까요? 아닙니다. 이러한 대보살님들은 부처님에 비해 결코 손색이 없지만, 지위에 연연함이 없이 괴로움을 뿌리 뽑고 행복을 안겨주는 발고여락拔苦與樂의 자비행과 깨달음의 눈을 열어주는 보살행을 한결같이 실천할 뿐입니다.

자리이타自利利他의 보살들이 배워야 할 바는 바로 이것입니다. 무엇을 '얻겠다·버리겠다, 이루리라·하지 말아야지' 하는 취사取捨의 마음가짐이나 증감增減 속의 삶이 아닙니다. 한결같이 할 바를 하면서 살아가는 것입니다. 시작도 끝도 바라보지 않고 자비심을 품고 보살행을 실천하며 사는 이가 되어야 한다는 것이며, 이것이 **보살들에게 부증불감을 설하는 까닭**입니다.

이제 우리 중생의 이야기를 해봅시다. 중생들은 원래의 진공도 마하심의 보물창고도 모르기 때문에 여여如如한 마음을 버리고 삽니다. 마하심을 잊고 이기적인 자아의 풍선 속에 갇혀, '나'에게 맞는 것은 취하고 '나'에게 맞지 않는 것은 버리기에 바쁩니다.

이기심을 비우기는커녕, 업 따라 펼쳐지는 인연마저도 취하고 버리기에 바쁜데, 어떻게 마음이 평화로울 수 있으며 반야의 빛을 발현시켜 바라밀을 이룰 수가 있겠습니까? 그래서 늘 번잡하고 슬프고 괴로운 중생의 삶을 살 수밖에 없는 것입니다.

하지만 자아의 풍선만 터지면 늘지도 줄지도 않는 무한 행복과 영원생명, 대평화와 대광명을 누리는 보살의 삶이

즉시에 열리게 됩니다. 과연 어떠한 자세로 살 때 대보살의 삶이 열리는가?

※

일본의 선불교를 중흥시킨 백은白隱(1685~1768)선사는 한 때 송음사松蔭寺에 머물고 있었습니다. 그런데 절 앞에 있는 두부장수집 딸이 이웃 사내와 정을 통하여 아기를 갖게 되었습니다. 그 사실을 안 딸의 부모는 크게 분노하여, 몽둥이를 들고 심하게 추궁했습니다.

"감히 처녀의 몸으로 아이를 가지다니! 어느 놈의 씨를 배 속에 넣었느냐? 몽둥이로 패 죽이기 전에 사실대로 말해라. 내 그놈을 가만두지 않겠다."

살기등등한 부모님의 추궁에 딸은 사실대로 말을 할 수가 없었습니다. 그대로 말하였다가는 자신도 그 남자도 배 속의 아기도 살아남지 못할 것 같았기에 거짓말을 했습니다.

"위 절의 백은스님…"

부모의 분노는 사람들로부터 깊은 존경을 받고 있는 백은스님께로 옮겨갔습니다. 서슬이 시퍼런 얼굴로 스님을 찾아간 딸의 부모는 소리쳤습니다.

"우리 딸이 스님의 아기를 가졌다고 하던데요?"

"아, 그렇습니까?"

스님이 이렇게 말하자 딸의 부모는 온갖 원망과 저주의 욕설을 퍼부었고, 큰스님으로 존경받던 백은스님은 그 순간부터 사람들의 손가락질을 받으며 살아야 했습니다. 그리고 몇 달 뒤, 딸이 사내아기를 낳자 딸의 부모는 아기를 안고 스님을 찾아와 말했습니다.

"당신의 잘못으로 생겨난 당신의 아들이니 당신이 키우시오."

스님은 '좋다 싫다'는 말 한마디 없이 아기를 안고 집집을 찾아다니며 젖을 얻어 먹였고, 똥오줌을 받아주고 목욕도 시키며 정성껏 키웠습니다. 그렇게 1년여의 세월이 흘렀을 무렵, 모성애와 죄책감 속에서 견딜 수 없었던 딸은 부모님께 사실을 털어놓았습니다.

"아기의 진짜 아버지는 이웃 두부집의 남자입니다."

사실을 안 딸의 부모는 어찌할 바를 몰라 했습니다. 딸의 허물이 문제가 아니라, 존경받던 큰스님을 파계승으로 전락시켰고, 아기까지 키우게 하였으니….

부모와 딸은 백은스님을 찾아가 자초지종을 밝히고 깊이깊이 사죄하면서 아기를 돌려줄 것을 청했습니다. 모든 이야기를 묵묵히 듣고만 있던 백은스님은 별다른 표정 없이 말했습니다.

"아, 그렇습니까?"

이 한마디와 함께 스님은 아기를 그들 품으로 넘겨주었습니다.

8

"아, 그렇습니까?"

백은스님의 마음에는 '나'가 없었습니다. '나'의 명예와 불명예, '나'의 수고로움, 상대방에 대한 원망이나 괘씸함 따위도 없었습니다. 마하반야심을 깨달은 스님께서는 마하반야심에서 우러나오는 대자비로 아기를 거두어 정성껏 키웠을 뿐입니다.

"아, 그렇습니까?"

이것이 다였습니다.

"아, 그렇습니까?"

바로 이것이 대보살의 삶을 여는 자세입니다. 우리는 이러한 삶의 자세와 얼마나 닮아 있습니까?

오히려 '나'의 복 이상으로 재물과 색욕 등을 탐하고 힘을 남용하는 헛된 짓거리에 빠져, 소중한 인생을 허비하고 있지는 않습니까? '나'와 '나'의 이기심으로 세상을 흔들며 살고 있지는 않습니까?

꿈과 허깨비와 허공의 꽃을　　夢幻空華 몽환공화

어찌 애써 잡으려 하는가   何勞把捉 하로파착
얻고 잃고 옳고 그릇됨을   得失是非 득실시비
일시에 놓아버릴지니라   一時放却 일시방각

이제 깨어납시다. 이 『신심명』의 가르침과 같이, 꿈과 같고 허깨비와 같고 허공의 꽃과 같은 삶에서 깨어나야 합니다. 이기심을 비워 자아의 풍선을 터뜨려야 합니다.

어떻게 해야 풍선이 터지는가?

얻고 잃음, 옳고 그름을 일시에 놓아버리라고 하셨습니다. 이 말씀처럼, 우리 불자들은 부증불감을 깨달아 이기적인 분별심을 자꾸 놓고자 해야 합니다. 그리하여 업에 의해 과보를 받게 되는 업감세계業感世界의 있는 그대로를 볼 수 있게 되면, 얻어도 기뻐할 것이 없고 잃어도 슬퍼하지 않게 됩니다.

그러나 이기적인 분별심을 놓기가 힘들다면 염불·참선·참회·봉사·사경·독경 등의 불교에서 가르치는 향상의 공부 방법 중에서 한 가지를 택하여 꾸준히 실천하십시오. 그리고 스스로에 대해 만족할 줄 알고, 다가오는 인연을 자비로써 대하면서, 스스로의 진실을 체험하며 정성껏 살면 됩니다. 안과 밖의 공부와 인연에 '정성 성誠'으로 살면 됩니다.

그렇게 살면 어느 날 문득 본래 없었던 자아의 풍선이 홀연히 사라지면서, **불생불멸이요 불구부정하고 부증불감**인 진공眞空을 깨닫고 일법계심一法界心을 체득하여, 걸림 없는 대반야의 광명으로 일체중생의 눈을 뜨게 하고, 영원생명〔常〕·무한행복〔樂〕·대자재〔我〕·대청정〔淨〕을 한껏 누릴 수 있게 되는 것이니, 이 반야심경의 '아니다·아니다'라는 가르침을 꼭 간직하시기를 깊이 축원드립니다.

　나무마하반야바라밀

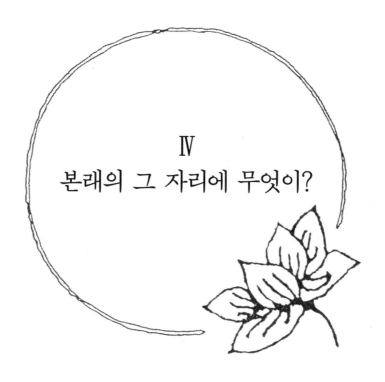

IV
본래의 그 자리에 무엇이?

꿈! 부처님의 눈으로 보면 중생은 꿈 속에서 헛것을 보고
헛것에 집착하여 헛되게 살고 있습니다.
육근과 육경과 육식이라는 자아의 풍선에 갇혀
풍선 밖의 삶을 보지를 못합니다.
실로 꿈에서 보는 것은 실상實相이 아닙니다.
제법실상諸法實相이 아닙니다.
진공眞空의 묘용妙用이 아니라, 자아의 허상입니다.
꿈을 깨고 나면 꿈 속의 것은 모두가 거짓[假] 세계요,
그 거짓 세계는 애초부터 텅 빈 것[空]임을 깨닫게 됩니다.

시 고 공 중
是故空中

무색 무수상행식
無色 無受想行識

무안이비설신의 무색성향미촉법
無眼耳鼻舌身意 無色聲香味觸法

무안계내지무의식계
無眼界乃至無意識界

무무명 역무무명진
無無明 亦無無明盡

내지무노사 역무노사진
乃至無老死 亦無老死盡

무고집멸도
無苦集滅道

무지역무득
無智亦無得

그러므로 공 가운데는

색이 없고 수상행식도 없으며

안이비설신의도 없고 색성향미촉법도 없으며

눈의 경계도 의식의 경계까지도 없고

무명도 무명이 다함까지도 없으며

늙고 죽음도 늙고 죽음이 다함까지도 없고

고집멸도도 없으며

지혜도 얻음도 없느니라

1. 없다·없다·없다

이제 반야심경에서는 다시 여섯 가지 문〔六門〕을 세워 '없다·없다'는 것을 계속 강조합니다. 곧 진공眞空 속에는 물질도 정신도 없고, 나도 없고 대상도 없고 인식 자체도 없다고 합니다. 나아가 십이인연·사성제·육바라밀의 진리마저도 없다고 합니다.

이 '시고공중是故空中'의 공空은 '색즉시공 공즉시색'의 공입니다. 곧 불생불멸·불구부정·부증불감의 진공眞空이요 마하심이요 일법계심이며, 반야바라밀이 완성되어 있는 공입니다.

"이제 진실상眞實相이 무엇인지를 알겠느냐? 자아의 실상, 그리고 그 자아가 보고 있는 이 세계의 실상은 실로 공空일 뿐이다. 무아無我다. 내 스스로가 만들어낸 자아는 없다. 풍선과 같은 나와 풍선 속과 같은 나의 삶은 꿈과 같고 헛되고 빈 것이다. 깨고 나면 실체가 없는 공일 뿐이다.

그러므로 이제부터는 그릇된 집착들, 거짓 모습[假]에 대한 집착을 버리고 살아야 한다. 거짓 자아[假我]를 비우고[空] 중도中道로 살아야 한다. 불생불멸·불구부정·부증불감의 중도 속에서, 색즉시공 공즉시색의 진공眞空 속에서 살아야 한다. 거짓 자아의 꼭두각시가 아니라 마하심摩訶心으로 살아야 한다.

그렇게 살도록 하기 위해 이제 다시 여섯 가지의 없음을 설하노라. 꿈을 깨우고 모든 집착을 놓게 하기 위해 공空에 의거하여 중생과 수행자들이 빠지기 쉬운 6문六門을 제거하노라."

이 6문을 반야심경과 연결시키면 다음[표]와 같습니다.

대상		6문	반야심경
통경 通境	일체 중생	①오 온	무색 무수상행식
		②십 이 처 (육근+육경)	무안이비설신의 무색성향미촉법
		③십 팔 계	무안계 내지무의식계
별경 別境	연각	④십이인연	무무명 역무무명진 무노사 역무노사진
	성문	⑤사 성 제	무고집멸도
	보살	⑥보리·열반	무지 역무득

6문은 통경과 별경으로 나누어지는데, 통경通境은 모든

대상에게 통한다는 뜻이요, 별경別境은 대상이 각각 다르다는 뜻입니다. 곧 통경은 모든 중생에게 공통적으로 해당되는 법문이요, 별경은 수행자인 연각·성문·보살 각각에게만 해당되는 법문이라는 뜻입니다.

이제 이 6문을 한 구절씩 살펴봅시다.

무색 무수상행식無色無受想行識

이 구절은 **색·수·상·행·식의 오온五蘊이 본래 없다**는 것을 설한 법문입니다. 이 오온에 대해서는 '오온개공'을 이야기할 때 자세히 풀이하였으므로, 다섯 단어에 대한 설명은 생략합니다.

이 색·수·상·행·식의 오온을 좁혀서 보면 '나'가 되고, 넓게 보면 제행諸行 또는 제법諸法이 됩니다.

제행諸行은 '흘러가는 모든 것, 변화하는 모든 것'이라는 뜻입니다.

중생에게는 나서 늙고 병들어 죽는 '생로병사生老病死'의 흐름이 있고, 물질에는 이루어져서 머물렀다가 파괴되어 공으로 돌아가는 '성주괴공成住壞空'의 흐름이 있으며,

생각 또한 일어나 잠시 머물렀다가 변화하고 사라지는 '생주이멸生住異滅'의 흐름이 있습니다.

이렇듯 이 세상에 존재하는 모든 것은 한결같이 있지를 못하고 흐름 따라 끊임없이 변화할 뿐입니다. 오온 또한 예외가 아닙니다. 색 → 수 → 상 → 행 → 식의 과정으로 흘러갑니다. 이처럼 모든 것이 흘러가고 변천한다고 하여 부처님께서는 제행무상諸行無常이라 하셨습니다.

그리고 제법諸法은 '모든 것'으로, 부처님께서는 제법무아諸法無我라 하셨습니다. 그 어떠한 것에도 '나(我)'라고 할 수 있는 고유한 실체가 없다고 하신 것입니다.

결국 부처님께서는, '진공과도 같은 마하심에는 색도 없고 수상행식도 없으니, 풍선과 같은 자아와 끊임없이 변화하고 흘러가는(諸行) 모든 것(諸法)에 대한 집착을 다 비워버릴 것'을 깨우쳐 주고 계십니다.

앞에서도 밝혔듯이, 제행무상하고 제법무아임을 분명히 알고 실천하면 번뇌가 다한 완전한 평화로움인 열반적정涅槃寂靜을 이룬다는 가르침. 흘러가는 것은 덧없고 모든 것에 실체가 없음을 확고히 알면 열반적정에 도달한다는 가르침. 이 제행무상·제법무아·열반적정의 관계가 불교만의 절대적인 가르침인 삼법인三法印입니다.

무색 무수상행식! 곧 제행무상·제법무아의 가르침을

통하여 자아의 풍선을 터뜨려 진공의 일법계로 돌아가게 되면, 색色은 물론이요 정신적인 감수작용[受]과 사고작용[想], 생각의 결말이나 행동[行], 인식[識] 등의 오온이 본래 없다는 것을 깨닫게 되고, 이러한 깨달음을 통하여 열반적정에 이를 수 있게 되는 것입니다.

무안이비설신의 무색성향미촉법

안이비설신의眼耳鼻舌身意는 스스로가 만들어낸 거짓 자아가 근본으로 삼고 있는 육근六根이요, **색성향미촉법色聲香味觸法**은 육근의 대상이 되는 육경六境입니다.

이를 모두 합하여 십이처十二處 라고 하는데, '처處'는 마음작용의 의지처라는 뜻입니다. 곧 나의 마음작용과 관련된 안과 밖 전체를 지칭하는 것으로, 주관과 객관, '나'와 '남 또는 다른 것'이 육근과 육경입니다.

이 육근과 육경의 부딪힘을 통하여 우리는 살아있음을 느낍니다. 눈과 눈으로 보는 색, 귀와 귀로 듣는 소리, 코와 코로 맡는 냄새, 혀와 혀가 느끼는 맛, 몸과 몸에 닿는 감촉, 뜻과 뜻에 맞고 맞지 않는 것[法]을 분별하며 사는 것입니다.

그런데 반야심경에는 우리가 살아있음을 느끼게 하는 이 육근과 육경이 없다고 하였습니다.

없다·없다···. 없다니?

🌸

중국 조동종曹洞宗의 개산조인 동산 양개洞山良价(807~869) 선사는 어린 시절 고향의 보리원普利院으로 출가하였습니다. 나이 10세가 되지 않았을 때 스승이 반야심경을 외우게 하자, 양개는 몇 시간 만에 능숙하게 외웠습니다. 이에 스승이 다른 경전을 주며 외우라고 하자 양개가 말했습니다.

"이미 외운 반야심경의 뜻도 모르는데, 다른 경을 배워도 됩니까?"

"이제껏 줄줄 외워놓고 모른다고 하느냐?"

"특히 한 구절의 뜻은 도무지 모르겠습니다."

"어느 구절이냐?"

양개는 자신의 얼굴을 만지며 말했습니다.

"반야심경에서는 '눈·귀·코·혀·몸·뜻이 없다〔無眼耳鼻舌身意〕'고 하였습니다. 그런데 저에게는 분명히 눈도 있고 귀도 있고 코도 있습니다. 무엇 때문에 반야심경에서는 없다고 하였습니까?"

이를 설명할 수 없었던 스승은 고승이신 영묵靈默(747~818) 선사께 양개를 지도해 줄 것을 청하였고, 그때부터 양개스님은 '무안이비설신의'에 대한 의문을 품고 공부를 하였습니다. 그 뒤 운암雲岩(782~841) 선사와 돌·나무·물 등의'무정물無情物도 설법을 한다'는 무정설법無情說法에 대한 문답을 나누다가 문득 깨달았고, 반야심경에서 '무안이비설신의'라고 한 까닭도 체득하였습니다. 그때 스님은 노래했습니다.

정말 기이하구나 정말 기이해	也大奇 也大奇	야대기 야대기
무정의 설법은 불가사의하나니	無情說法不思議	무정설법부사의
귀로 들으면 끝내 만나지 못하나	若將耳聽終難會	약장이청종난회
눈으로 소리 들으면 알 수 있도다	眼處聞聲方得知	안처문성방득지

⚮

이 동산스님은 어릴 때 가졌던 '무안이비설신의'에 대한 의문을 늘 품고 있다가, 마침내 그 의문을 풀고 도를 이루었습니다. 그런데 우리는 어떠합니까? 늘 외우는 반야심경에 대해, 이와 같은 의문을 품은 적이 있습니까?

'무안이비설신의' 뿐만이 아닙니다. '오온개공'·'색즉시공 공즉시색' 등, 반야심경만 하여도 보통 사람들이 쉽게 이해할 수 없는 구절들이 여러 곳에 있습니다. 그런데도 우리는 그냥 넘어갑니다.

왜 그냥 넘어갑니까? 그와 같은 구절에 대해 전혀 의문이 생겨나지 않기 때문에 그냥 넘어갑니까? 부처님 말씀이라 무조건 믿기 때문에 그냥 넘어갑니까? 아닐 것입니다. 그냥 형식적으로 읽기 때문에 의문이 생겨나지 않고, 의문의 갈고리에 걸리지 못하는 것입니다.

사실 불경 속에는 낚싯바늘과도 같은 법문들이 많이 숨겨져 있습니다. 고해를 벗어나게 하는 해탈의 낚싯바늘이 처처에 도사리고 있습니다. 왜 부처님께서는 낚싯바늘과도 같은 법문을 경전 속에 담아놓은 것일까요?

우리로 하여금 향상向上토록 하기 위함이셨습니다. 무명의 눈을 뜨게 하기 위함이셨습니다. 꿈 밖의 세계로 나오도록 하고, 풍선 밖의 진공세계와 하나가 될 수 있도록 하기 위함이셨습니다.

그런데도 우리는 그냥 넘어갑니다. 뜻조차 새기지 않고 그냥 넘어가는 이가 많습니다. 이제 우리도 동산양개스님처럼 불경 속에 숨겨진 낚싯바늘을 찾아내고 그 의문들을 풀어나가야 합니다. 그래야만 우리도 생사일대사生死一大事를 체득하여 마하반야의 삶을 살 수 있게 되며, 바로 이것이 '무안이비설신의 무색성향미촉법'을 설하신 진정한 까닭인 것입니다.

무안계 내지 무의식계

'무안계 내지 무의식계'는 '무안식계·무이식계·무비식계·무설식계·무신식계·무의식계'의 줄인 말입니다.

곧 눈이 대상을 보고 인식하는 안식眼識, 귀가 소리를 듣고 인식하는 이식耳識, 코로 냄새를 맡고 인식하는 비식鼻識, 혀가 맛을 보고 인식하는 설식舌識, 몸이 감촉을 접하면서 인식하는 신식身識, 뜻이 법을 경험하고 인식하는 의식意識 등의 육식六識을 가리킵니다.

그리고 이들 각각이 나름대로의 영역을 이루고 있기 때문에 '계界'라는 단어를 뒤에 붙인 것이며, 6근과 6경에 이 6식을 합하여 십팔계十八界라고 합니다.

중생은 이러한 18계 속에서 살고 있습니다. 각자의 6근으로 인연 따라 6경을 대하고 자기만의 6식을 느끼며 살아갑니다. 대부분이 이렇게 살아갈 뿐, 이 18계의 틀 속에서 벗어나지를 못합니다. 이 18계를 중생의 세계로 삼고

그 속에 갇혀 살기 때문에 열여덟 가지 세계, 곧 18계라고
이름을 붙인 것입니다.

이 18계를 도표화해 봅시다.

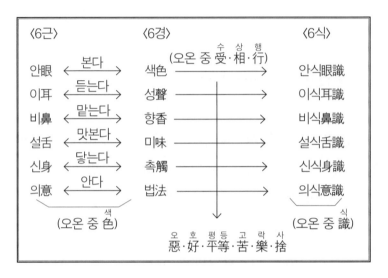

이 도표는 육근·육경·육식의 18계 속에서, 오온의 흐
름 따라 108번뇌를 일으켜 업을 쌓고 '나'만의 식識을 쌓
아가는 중생의 공통된 삶[通境]을 나타낸 것입니다. 이 도
표를 잠시 풀이하겠습니다.

안·이·비·설·신·의의 육근이 각각 색·성·향·미·
촉·법을 접할 때, 먼저 싫다[惡]·좋다[好]·싫지도 좋지도
않다[平等]고 받아들입니다. 그리고 다시 싫은 것에 대해
서는 괴로워하고[苦], 좋은 것에 대해서는 즐거워하며[樂],
좋지도 싫지도 않은 것은 내버립니다[捨].

그런데 6근과 6경의 하나하나가 부딪힐 때마다 싫고〔惡〕·좋고〔好〕·무관하고〔平等〕·괴롭고〔苦〕·즐겁고〔樂〕·버리는〔捨〕 여섯 가지 감각이 나타나기 때문에, 6×6=36, 곧 서른여섯 가지 번뇌가 생겨나며, 이 36번뇌를 중생은 과거에도 했었고 현재에도 하고 미래에도 할 것이기 때문에, 36번뇌에 과거·현재·미래 삼세三世의 3을 곱하면 108번뇌가 됩니다.

하지만 이것으로 끝나는 것이 아닙니다. 중생은 이 108 번뇌를 좇아 몸〔身〕과 말〔口〕과 생각〔意〕으로 갖가지 실천을 하여 또 다른 업業을 맺고, 제 나름대로의 결론인 식識을 마음 깊은 곳에 심습니다. 잠재의식으로 만드는 것입니다. 그리하여 '나'만의 세계, '나'만의 풍선을 형성하여 중생의 갇힌 삶을 살게 됩니다.

꿈을 깨니 무엇이 있더냐

이러한 중생의 삶과는 달리 반야심경에서는 오온도 없고 육근과 육경과 육식의 18계가 깡그리 없다고 부정하고 있습니다.

왜? 지금의 현실은 분명히 있는데, 어찌하여 진공을 내세워 없다고 한 것인가? 이에 대해 『금강경』에서는 다음과 같은 게송으로 깨우쳐 주십니다.

함이 있는 세속의 모든 것들은	一切有爲法 일체유위법
꿈·허깨비·물거품·그림자와 같고	如夢幻泡影 여몽환포영
이슬과 같고 번갯불과 같나니	如露亦如電 여로역여전
마땅히 이와 같이 관할지니라	應作如是觀 응작여시관

꿈〔夢〕·허깨비〔幻〕·물거품〔泡〕·그림자〔影〕·이슬〔露〕·번갯불〔電〕은 모두 실체가 없음을 나타낸 비유들입니다.

무엇의 실체가 없다는 것인가? 유위법有爲法입니다. '나'가 붙어있고, '나'가 살아있는 모든 것은 실체가 없고 진짜가 아니라는 것입니다.

이 게송에서처럼 108번뇌의 세계, 풍선 속에 갇혀있는 자아의 세계는 실체가 없는 무상한 것이기 때문에, 반야심경에서는 **오온도 육근도 육경도 육식도 '없다·없다·없다'**고 하신 것입니다.

이제 이 여섯 가지 비유 중에서 꿈을 예로 들어 조금 더 자세히 살펴보도록 합시다.

꿈! 깨닫지 못한 중생은 꿈을 꿉니다. 꿈은 눈을 감고 잠을 잘 때 꾸는 것입니다. 그러나 깨닫지 못한 중생은 깨어 활동하는 낮에도 꿈을 꾸며 삽니다. 밤에만 꿈을 꾸는 것이 아니라 낮에도 꿈을 꾸고 삽니다.

꿈은 눈을 감는 것으로부터 시작됩니다. 눈을 감으면 밝음이 사라지고, 보이던 세계가 보이지 않게 됩니다. 이로 인해 꿈의 세계, 무명無明의 세계가 펼쳐지기 시작합니다.

눈을 감고 잠을 자다가 꿈을 꿀 때, 묘하게도 그 꿈속에는 깨어있을 때의 현실과 다름없는 세계가 펼쳐집니다. 깨고 나면 실제 하지도 않는 세계가 현실처럼 나타납니다.

그 꿈속에서도 오온의 흐름이 있으며, 보고 듣고 냄새 맡고 맛을 보고 감촉을 느끼고 뜻으로 상대방의 생각까지 읽으며, 싫다〔惡〕·좋다〔好〕·상관 없다〔平等〕·괴롭다〔苦〕·즐겁다〔樂〕·내버림〔捨〕의 감정을 다 일으킵니다.

자, 이 꿈속의 오온과 육근과 육경과 육식을 있다고 해야 합니까? 없다고 해야 합니까?

꿈에서는 분명히 있지만, 깨고 나면 당연히 없습니다. '꿈이다'라고 하지, '현실이다' 하는 사람은 없습니다. '한 편의 꿈을 꾸었구나' 하면서 넘어갈 뿐, 그 꿈에 집착하지 않습니다. 자아의 풍선이 터지고 나면 풍선 속의 세계가 원래 없었다고 하듯이….

더 묘한 것은, 꿈을 꾸고 있는 동안에는 꿈 밖의 현실을 보지 못한다는 것입니다. 그냥 꿈에 취하고 풍선 안에 갇혀, 꿈과 풍선 밖의 밝고 큰 세계를 보지 못합니다. 마하심이요 반야요 일법계의 세계가 있다는 것을 느끼지조차 못합니다.

그런데 부처님처럼 꿈을 완전히 깨고 나면 어떻습니까? 그냥 그대로 마하심이요 일법계 그 자체가 되어, 반야의 대광명 속에서 영원하고〔常〕·행복하고〔樂〕·자유자재하고〔我〕·청정함〔淨〕을 한껏 누리며 살 수 있게 되는 것입니다.

실로 우리들 중생은 모두가 꿈을 꿉니다. 불과 몇 분이라는 짧은 시간 동안 일평생을 사는 꿈을 꾸기도 합니다. 꿈속에서 벼슬도 하고 돈을 벌기도 하고 책을 쓰기도 하고 명예를 얻기도 하고 욕됨을 당하기도 하고 훨훨 날기도 하고 공포에 휩싸이기도 합니다. 쾌락을 느끼기도 하고 고통을 느끼기도 하며, 행복하고 불행하고 기쁘고 슬픈 감정까지 느낍니다.

중생의 꿈! 모든 중생이 꿈을 꾸지만, 각자가 꾸는 꿈은 다릅니다. 각자의 풍선 속에서 제각기 다른 꿈을 꾸고 있는 것입니다. 가령 열 사람이 한방에서 잘지라도 열 사람이 꾸는 꿈은 다 다릅니다. 모두가 혼자만의 고유한 꿈의 세계를 이루고 있습니다.

이 사람도 저 사람도 꿈속에서는 천지 만물을 다 접하고 살아서 움직입니다. 하지만 열 사람의 꿈은 내용도 다 다르고, 길고 짧음도 저마다 다릅니다. A가 꾸는 꿈의 세계에서는 B가 꾸는 꿈의 세계가 보이지 않고, B가 꾸는 꿈의 세계에서는 A가 꾸는 꿈의 세계가 보이지 않습니다. 이처럼 꿈속의 삶이 서로 다른 것입니다.

그러나 꿈에서 깨어나 되돌아보십시오. 꿈속에서 있었던 어떠한 삶도 남아 있지 않습니다. '나만의 꿈을 꾼다, 각기 다른 꿈을 꾼다'고 할 것조차도 없습니다.

꿈이란 헛것입니다. 꿈에서 주인공으로 있는 '나'는 물론이요, 육근과 육경도 실물이 아닙니다. 헛것일 뿐입니다. 실체가 있는 것이 아니라, 꿈을 일으킨 생각 하나가 벌어져서 밖으로 육경이라는 세계가 있는 듯이 보이고, 안으로 육근이 있는 듯이 느껴지는 것입니다.

그런데 어떻습니까? 깨고 나면 꿈에 있었던 육근도 육경도 없으며, 나와 너, 안과 밖도 없습니다. 그리고 밉고 곱고 즐겁고 괴롭다고 느끼고 인식했던 육식도 모두 가짜였음을 깨닫습니다.

꿈! 부처님의 눈으로 보면 중생은 꿈속에서 헛것을 보

고 헛것에 집착하여 헛되게 살고 있습니다. 육근과 육경과 육식이라는 자아의 풍선에 갇혀 풍선 밖의 삶을 보지를 못 합니다.

실로 꿈에서 보는 것은 실상實相이 아닙니다. 제법실상諸法實相이 아닙니다. 진공眞空의 묘용妙用이 아니라, 자아의 허상입니다. 꿈을 깨고 나면 꿈속의 것은 모두가 거짓〔假〕세계요, 그 거짓 세계는 애초부터 텅 빈 것〔空〕임을 깨닫게 됩니다. 그렇다고 하여 꿈 바깥의 모든 것이 사라졌습니까? 아닙니다. 꿈을 깨고 나도 모든 것은 그냥 그대로 중도中道로서 있는 것입니다.

"무색 무수상행식 무안이비설신의 무색성향미촉법
무안계 내지 무의식계."

'나'라는 한 생각이 변하여 꿈속의 육근이 생겨나고 꿈속의 육경이 생겨나며, 그 속에서 육식의 싫다〔惡〕·좋다〔好〕·상관 없다〔平等〕·괴롭다〔苦〕·즐겁다〔樂〕·내버림〔捨〕을 느끼며 살아가는 인생살이!

이제 우리는 '꿈'의 비유를 통하여 이들 모두를 '없다·없다·없다'고 한 까닭을 알았을 것입니다.

우리의 근본 스승이신 부처님은 대각몽大覺夢을 하신 분입니다. 그리고 반야심경 역시 크게 꿈을 깰 것을 가르치는 경전입니다.

꿈속에서 보는 '나'만의 세계. 그것은 참된 세계가 아닙니다. 갇혀진 세계요 미혹한 세계이며 어둠의 세계입니다. 그래서 부처님께서는 중생의 꿈을 깨우기 위해, 반야심경을 통하여 오온도 육근도 육경도 육식도 없다고 하신 것입니다.

이제 우리도 이 꿈의 비유를 생각하며, 오온도 육근도 육경도 육식도 없다고 한 반야심경의 말씀을 자꾸자꾸 되씹어보아야 합니다. 그리고 꾸준히 공부하고 또 공부하여 이기적인 자아의 풍선을 터뜨리고 꿈에서 깨어나야 합니다.

그리하여 꿈꾸기 전이나 꿈을 꾸고 있을 때나 꿈을 깬 후에도 한결같은 제법실상諸法實相의 세계를 있는 그대로 누리며 살아야 합니다. 일체의 분별이 다 떨어진 일법계의 세계요, 참되고 한결같은 진여眞如의 세계이며, 한없이 넓고 크고 밝고 맑은 마하반야바라밀의 세계를….

2. 불변의 진리도 없다

십이인연

이제 반야심경에서는 '^{無無明}무무명 ^{亦無無明盡}역무무명진 ^{乃至無老死}내지무노사 ^{亦無老死盡}역무노사진'이라 하여 십이인연十二因緣(십이연기十二緣起라고도 함)에 대해 '없다〔無〕'고 하였습니다.

왜 반야심경에서는 십이인연을 없다고 한 것인가? 그 까닭을 살펴보기 전에, 매우 중요한 불교 교리인 십이인연에 대해 먼저 이야기하겠습니다.

십이인연은 「무명 → 행 → 식 → 명색 → 육입 → 촉 → 수 → 애 → 취 → 유 → 생 → 노사」의 12가지 단어로 구성되어 있는데, 반야심경에서는 처음과 끝의 두 단어인 '무명'과 '노사'만을 취하여 '무무명 역무무명진 내지무노사 역무노사진'으로 십이인연법을 나타내고 있습니다.

이 십이인연법은 인간 싯다르타를 부처님으로 변화시킨 진리입니다. 부처님이 되기 이전의 싯다르타 태자에게 가장 큰 문제는 생로병사生老病死의 괴로움이었고, 그 괴로움을 근원적으로 해결하기 위해 왕궁을 떠나 수행의 길에 올랐습니다. 그리고 '고행을 닦아 욕망과 번뇌를 잠재우면 생사고生死苦를 해탈할 수 있다'는 당시 대수행자들의 가르침에 따라 6년 동안 몸이 사그라질 만큼 열심히 고행을 했습니다.

그러나 욕망과 번뇌를 잠재우기 위한 고행의 끝은 생사의 해탈이 아니었습니다. 오히려 고행은 번뇌의 소멸과 무관하였습니다. 이에 석가모니는 고행과 함께 이전의 가르침에 대한 모든 관념들까지 놓아버립니다.

곧 '그것을 얻으려면 이것을 해야 한다', '이렇게 닦으면 어떠한 경지에 이른다'는 기존의 관념들을 모두 놓아버리고, 중도中道의 입장에 서서 생사고의 원인이 무엇인지를 스스로 관관觀하기 시작합니다.

·무엇으로 인해 늙음과 죽음[老死]이 있는가? 도대체 무엇이 원인이 되어 늙음과 죽음[老死]이 있게 된 것인가? 태어남[生]으로 말미암아 늙음과 죽음이 있다.
·그렇다면 무엇으로 인해 태어나게[生] 되는가? 유有(존재의 생겨남)로 말미암아 태어남[生]이 있다.
·무엇으로 인해 유有가 생겨나는가? 집착[取]으로 말미

암아 유有가 있게 된다.

· 무엇으로 인해 집착[取]이 생기는가? 애愛(애욕·갈망)로 말미암아 집착[取]이 생긴다.

· 무엇으로 인해 애愛가 생기는가? 감수작용[受]으로 말미암아 애愛가 생긴다.

· 무엇으로 인해 감수작용[受]이 생기는가? 접촉[觸]으로 말미암아 감수작용[受]이 생긴다.

· 무엇으로 인해 접촉[觸]이 생기는가? 육입六入(눈·귀·코·혀·몸·생각)으로 말미암아 접촉[觸]이 생긴다.

· 무엇으로 인해 육입六入이 생기는가? 명색名色(정신과 육체. 곧 나)으로 말미암아 육입六入이 생긴다.

· 무엇으로 인해 명색名色이 생기는가? 식識(마음의 식별능력)으로 말미암아 명색名色이 생긴다.

· 무엇으로 인해 식識이 생기는가? 행行(충동적인 움직임. 마음의 동요)으로 말미암아 식識이 생긴다.

· 무엇으로 인해 행行이 생기는가? 무명無明으로 말미암아 행行이 생긴다.

이와 같이 석가모니는 늙음과 죽음의 발원지를 찾아 거슬러 올라갔고, 마침내 그곳에 무명無明이 있음을 발견합니다. 무명이 사라지면 태어남도 늙음도 죽음의 괴로움도 없게 된다는 것을 깨달은 것입니다.

그리고 무명의 실체가 본래 없다는 것임을 명백히 깨닫고 부처님이 되셨습니다. 무명의 실체가 본래부터 공空이었음을 깨닫는 그 순간, 나고 죽음의 근본 종자인 무명이 완전히 사라지면서 무상정등정각無上正等正覺을 성취하신 것입니다.

십이인연법十二因緣法! 이 법은 석가모니를 부처님으로 변화시킨 진리로써, 불교의 어떠한 교리보다도 중요한 위치를 차지하고 있는 가르침입니다. 그러므로 이 십이인연의 12가지 단어는 불자들이 꼭 암기를 해야 합니다.

무명無明 → 행行 → 식識 → 명색名色 → 육입六入 → 촉觸 → 수受 → 애愛 → 취取 → 유有 → 생生 → 노사老死

12가지 인연에 간직된 뜻

이제 십이인연의 열두 단어에 간직된 뜻을 간략히 풀이하여 이해를 돕고자 합니다.

① 무명無明 : '어둡다'는 뜻의 무명은 무지無知로도 많이 해석합니다. 곧 무명은 진리와 존재와 생명의 진상에 대한 밝음이 없는 상태입니다. 바꾸어 말하면 진리와 존재와 생명의 진실상에 대해 알지 못하는 무지無知를 무명이라 합니다.

그럼 무엇을 위하여 진리와 존재와 생명의 진실상을 밝게 알아야 하는가? 바로 '나'입니다. 모두가 '나'를 내세우고 나 중심으로 살지만, 그 나가 본래부터 실체가 없는 무아無我임을 모르고 있으며, 무아임을 모르기 때문에 무명의 상태에 빠져들고 생사고의 흐름을 탈 수밖에 없습니다.

그러므로 이 '무명'이라는 단어 속에는 우리가 그토록 소중히 여기고 있는 '나', 풍선과 같은 자아의 세계가 본래 없다는 것을 분명히 알아야 한다는 뜻이 간직되어 있습니다. 한마디로 무명은 본래부터 비어있는 허공과도 같은 마하심을 모르기 때문에 생겨난 혼돈의 어둠입니다.

② 행行 : 무명 때문에 생겨난 이 행은 행동을 하거나 일을 하는 등의 구체적인 움직임이 아니라, 어둡기 때문에 생겨나는 마음의 미세한 동요입니다. 이 행行은 '무명의 충동력'으로, 무명으로 인해 마음의 동요가 시작되었음

을 나타내는 단어입니다.

③ 식識 : 이 식은 깊이 느껴 인식하는 것이 아니라, '무엇인가가 있다'는 것을 아는 정도의 단계입니다. 무명의 충동력으로 인해 '무엇이 보인다' '무엇이 비춰진다'는 것으로, 마음의 식별작용이 막 시작된 상태입니다. 대상을 또렷이 인식하는 단계가 아니라, 대상이 내 마음에 비춰지고 있는 상태 정도로 파악하면 무리가 없습니다.

④ 명색名色 : 무명의 충동력으로 인해 대상이 비춰지게 되면 비로소 그 대상과 마주 선 명색의 존재가 생겨나게 됩니다. 명색을 그대로 풀이하면 '이름과 형상'이며, 조금 더 풀면 '정신과 육체'입니다. 이름과 형상, 정신과 육체를 가진 최초의 존재. 그것이 무엇인가? 바로 '나'입니다. 우리가 '나'로 삼고 있는 자아自我가 명색이라는 단어에서 비로소 생겨나게 되는 것입니다.

그러나 이 자아는 무명 이전의 진아眞我가 아닙니다. 무명이 만들어낸 거짓 '나', 얇은 풍선의 막에 둘러싸인 거짓 자아일 뿐입니다. 하지만 막을 두르고 나면 그다음부터의 전개는 참으로 빨라지고 자기중심적으로 바뀌기 시작합니다.

⑤ 육입六入 : '나', 곧 명색이 자리를 잡게 되면 곧바로 구체적인 '너'가 생겨납니다. 따라서 주관과 객관, 주체와 대상이 갈라지게 되며, 바로 이때 자리를 잡게 되는 것이 육입입니다.

이 육입에는 두 종류가 있습니다. 첫째는 '나'쪽의 내육입內六入이요, 둘째는 대상인 외육입外六入입니다. 내육입은 눈·귀·코·혀·몸·뜻의 육근六根이요, 외육입은 빛깔·소리·냄새·맛·촉감·법의 육경六境입니다. 곧 '나'라는 가아假我가 생겨날 때, '나'라는 감각기관과 '너'라는 대상이 또렷이 존립하게 되는 것입니다.

⑥ 촉觸 : 이제 내육입인 육근과 외육입인 육경이 또렷하게 생겨난 이상, 이 둘이 부딪히게 되는 것은 당연한 현상입니다. 눈으로 빛깔과 모양을 보고, 귀로 소리를 듣고, 코로 냄새를 맡고, 혀로 맛을 보고, 몸으로 감촉을 느끼고, 내 뜻으로 대상인 법을 헤아립니다. 이것이 촉, 곧 접촉입니다.

그런데 이 접촉부터가 문제입니다. 그냥 접촉하는 것이 아닙니다. 이미 생겨난 '나'라는 주관을 가지고 대상인 '너'를 접촉합니다. 이렇게 '나'라는 주관을 가지고 접촉을 하게 되면 모든 것이 있는 그대로 보이지 않고, 있는 그대로를 받아들이지 못하니 한결같은 마음을 유지할 수 없게 됩니다.

따라서 '나'에게 맞으면 좋게 느끼고[好], '나'에게 맞지 않으면 나쁘게 느끼며[惡], '나'와 무관하면 그냥 흘려버립니다[平等].

⑦ 수受 : 수는 접촉에 의한 감수작용입니다. 좋게 느낀 것을 받아들일 때는 즐거워하고[樂], 나쁘게 느낀 것을 받아들일 때는 괴로워하며[苦], 평등한 것은 즐거움으로도 괴로움으로도 삼지 않습니다[不苦不樂].

⑧ 애愛 : 애는 사랑입니다. 하지만 단순히 '좋다'고 느끼는 사랑이 아니라, 스스로의 마음에 맞는 즐거움을 애타게 추구하는 갈애渴愛입니다. 곧 '나'와 상대를 함께 살리는 사랑이 아니라, 나와 상대를 동시에 그릇된 길로 몰아가는 사랑입니다.

그리고 증오도 여기에 해당합니다. '나'를 괴롭게 하는 대상에 대한 깊은 증오심이나 분노도 이 애의 단계에 속한다는 것을 잊지 말아야 합니다.

⑨ 취取 : '애'에서 생겨난 취는 바로 집착執着입니다. '어

떻게 할 것인지를 결정하고 나서 꽉 잡는다'는 의미를 지니고 있습니다. 갈애에 빠지거나 증오심에 휩싸인 다음부터 행동으로 옮기기 전까지의 마음 상태나 번뇌 망상 모두가 이 취取 속에 포함됩니다.

⑩ 유有 : 이 유有에 대해서는 흔히들 '존재'라고 번역을 하지만, 보다 엄밀한 뜻에서 정의를 내리면 '집착에서 비롯된 업業'입니다. 곧 집착을 하여 마음속으로만 키워왔던 생각들을 바깥 행동으로 옮기는 것이 유입니다.

이 유有를 무無와 반대되는 개념으로 파악하면 보다 이해하기가 쉬울 것입니다. 취까지는 마음속의 일이므로 무無입니다. 구체적으로 나타난 것이 아닙니다. 그러나 이제 그 생각들을 행동으로 옮기게 되면 표면화됩니다. 표면화되어 나타난 것. 그것이 유有요, 그것을 불교에서는 업業이라 부르고 있는 것입니다.

따라서 이 유의 단계에서 범부들은 좋고 나쁜 업을 짓게 되며, 그 업에 의해 좋고 나쁜 생을 받게 됩니다.

⑪ 생生 : 생은 태어남입니다. 무엇이 태어나는 것인가? 좁게 보면 이 몸이 태어난다고 볼 수 있습니다. 하지만 이제까지 흘러 내려온 십이인연법에서 보면 유형무형의

업신業身, 곧 과보신果報身이 태어남을 뜻합니다.

⑫ 노사老死 : 태어난 것은 반드시 죽음이 있기 마련입니다. 생겼으면 언젠가 사라집니다. 더욱이 우리는 업으로 태어났기에 업의 과보를 받으며 살아갑니다. 업의 과보를 받으며 병들고 늙고 걱정하고 고생하고 슬퍼하고 고뇌하며 살다가, 이 생에서의 과보가 다하면 또 다른 업의 세계를 향해 죽음이라는 이름으로 떠나가는 것입니다.

순십이인연順十二因緣과 역십이인연逆十二因緣

이상의 열두 가지, 곧 「무명 → 행 → 식 → 명색 → 육입 → 촉 → 수 → 애 → 취 → 유 → 생 → 노사」로 흘러가는 과정을 순십이인연順十二因緣 또는 유전인연流轉因緣이라고 합니다. 반야심경의 '**무명 내지 노사**'가 이것입니다. 무명에서 시작하여 노사에 이르기까지 잘 흘러가고 잘 굴러 내려가는 인연이라는 뜻입니다.

하지만 이것은 타락의 인연입니다. 어둡기 때문에, 무지하기 때문에 구르기 시작하여, '나'라는 거짓 명색名色에 사로잡히고, 나 중심으로 모든 것을 분별하고 받아들여서 나의 욕망을 성취하겠다며 갖가지 업을 지었으니, 결국 생사고生死苦라는 과보를 세세생생토록 받으며 살 수밖에 없다는 것을 깨우쳐주고 있는 것이 순십이인연의 가르침입니다.

그럼 어떻게 하여야 생사고의 세계로 흘러 내려가지 않고 향상된 삶을 이룰 수 있는가?

복잡하지 않습니다. 이들 십이인연의 연결고리를 끊으면 됩니다. 서로 이어지고 있는 12가지 인연 중, 원인이 되는 어느 하나의 '이것'이 끊어지면 다음에 생겨날 '저것' 또한 끊어지기 때문입니다.

예를 들어 갈애〔愛〕가 없어지면 집착〔取〕이 저절로 사라지고, 그다음의 연결고리도 사라지게 됩니다.

학자들은 이를 '역십이인연逆十二因緣'이라 하였고, 멸하여 고요함〔寂〕으로 되돌아간다는 뜻에서 '환멸인연還滅因緣'이라 이름 붙였습니다. 그리고 부처님께서는 다음과 같이 설하셨습니다.

· 무명無明이 멸하면 행行이 멸하고
· 행行이 멸하면 식識이 멸한다.
· 식識이 멸하면 명색名色이 멸하고

· 명색名色이 멸하면 육입六入이 멸하며

· 육입六入이 멸하면 촉觸이 멸한다.

· 촉觸이 멸하면 수受가 멸하고

· 수受가 멸하면 애愛가 멸하며

· 애愛가 멸하면 취取가 멸한다.

· 취取가 멸하면 유有가 멸하고

· 유有가 멸하면 생生이 멸하며

· 생生이 멸하면 노사老死를 비롯한 근심·슬픔·괴로움·
두려움·번뇌 등이 멸하느니라.

이것을 반야심경에서는 '**무명진 내지 노사진**'으로 줄여
표현하였습니다.

이 역십이인연법은 무명無明 이전의 본래 자리, 밝디밝
은 마하반야의 본래 자리로 돌아가는 관법입니다. 바꾸
어 말하면 고苦를 완전히 멸하여 고요하기 그지없는 적멸
寂滅의 보궁, 곧 열반涅槃에 이르는 방법이요 부처님이 되
는 방법입니다.

이제 역십이인연의 환멸인연법還滅因緣法을 자세히 살펴
보십시오. 그리하여 멸할 것을 멸하여 보십시오. 현재 우
리의 눈에 전혀 감지되지 않는 무명·행·식 등은 잘 느낄

수도 없앨 수도 없지만, 갈애[愛]·집착[取]·악업[有] 등은 우리도 능히 자각할 수 있습니다.

나쁜 짓을 하지 않고자 노력하고, 집착을 비우고자 노력하고, 갈애를 잠재우고자 노력하는 것 자체가 환멸의 삶, 향상의 삶을 이루는 방법이라는 것을 역십이인연은 깨우쳐주고 있습니다.

이 십이인연법을 자꾸자꾸 생각하고 관하면 부처님과 가까워지고, 마하반야의 마음을 회복할 수 있습니다. 그리고 자꾸 관하다 보면 갈애·집착·악업만이 아니라 무명까지를 완전히 극복하여, 진정한 반야의 빛을 발하며 살 수 있게 됩니다.

이제 스스로에게 질문을 던져 보십시오. 어차피 인연으로 살아야 할 삶! 유전인연으로 살 것입니까? 환멸인연으로 살 것입니까?

당연한 해답은 각자에게 맡기고, 사성제로 넘어갑니다.

사성제 四聖諦

반야심경 '무고집멸도無苦集滅道'의 '고집멸도'는 사성제

四聖諦(줄여서 사제四諦라고 함)인 고성제苦聖諦·집성제集聖諦·멸성제滅聖諦·도성제道聖諦라는 네 가지의 첫머리 한 글자씩을 딴 것입니다.

앞의 십이인연법이 부처님께서 스스로 증득하신 바를 체계화한 법문이라면, 사성제는 부처님께서 증득하신 경지로 중생들을 끌어올리기 위해, 이해하기 쉽도록 체계화시킨 법문입니다. 곧, 부처님께서는 의사가 병자를 치료하는 원리에 입각하여 고·집·멸·도의 네 단계를 갖춘 사성제 법문을 개발하셨습니다.

· 고苦 — 현재 고통 받고 있는 너의 병은 이것이요
· 집集 — 그 병의 원인은 이것이다
· 멸滅 — 병 없는 건강한 몸을 회복하고 싶으냐
· 도道 — 그럼 이러한 방법으로 치료할지니라

이렇듯 사성제는 현재의 괴로운 삶을 출발점으로 삼고 있으며, 괴로움의 굴레를 완전히 벗어나는 것을 목표로 삼고 있습니다.

그리고 출발점인 고성제苦聖諦(줄여서 고제)에 대해 여러 경전에서는 한결같이 8고八苦를 이야기하고 있습니다(앞의 P.71 '도일체고액'을 설명할 때 열거하였으나 다시 한번 밝힘).

① 태어나는 것은 괴로움이다〔生苦^{생 고}〕

② 늙는 것은 괴로움이다〔老苦^{노 고}〕

③ 병드는 것은 괴로움이다〔病苦^{병 고}〕

④ 죽는 것은 괴로움이다〔死苦^{사 고}〕

⑤ 미운 이와 만나는 것은 괴로움이다〔怨憎會苦^{원 증 회 고}〕

⑥ 사랑하는 이와 헤어짐은 괴로움이다〔愛別離苦^{애 별 리 고}〕

⑦ 구하는 것을 얻지 못함은 괴로움이다〔求不得苦^{구 부 득 고}〕

⑧ 번뇌가 치성하는 삶 자체가 괴로움이다〔五陰盛苦^{오 음 성 고}〕

이 여덟 가지 괴로움을 거부할 수 있는 중생은 없습니다. 누구나가 이러한 고통을 받으며 살아야 합니다. 중생이기에 피할 수도 거부할 수도 없는 것이 여덟 가지 괴로움〔八苦^{팔 고}〕이며, 이것을 잘 깨달아 받아들이라는 것이 고성제의 가르침입니다.

실로 불교공부를 제대로 하고자 하는 불자라면 무엇보다 먼저 우리의 삶이 어떠한가를 정확히 깨달아야 합니다. 그리고 '인생의 고苦'라는 고성제를 확실히 깨달을 때 '가장 높고 온전한 깨달음을 이루겠다는 마음〔無上菩提^{무 상 보 리}心^심〕'을 발할 수가 있습니다.

두 번째의 고집성제苦集聖諦(줄여서 집성제 또는 집제)는

'왜 삶이 고통스럽게 되었는가', '괴로움의 원인은 무엇인가'를 깨닫게 하는 가르침입니다. 이 고집苦集, 곧 고를 만들어내는 원인을 부처님께서는 '갈애渴愛와 탐貪·진瞋·치癡 삼독심三毒心'이라 하셨습니다.

갈애渴愛! 갈애는 적당한 사랑이 아닙니다. '목마르게 사랑하는 것'입니다. 무엇을 목마르게 사랑하는가? '나'를 애타게 사랑하는 것입니다.

일반적으로 '사랑한다'고 하면 남을 사랑하고 상대의 사랑을 애타게 구하는 것처럼 생각합니다. 그러나 냉정히 돌아보면 애타게 사랑하는 대상은 남이 아니라 '나'입니다. 결국은 '나'의 사랑, '나'를 만족시킬 사랑을 애타게 구하고 있는 것입니다.

애타는 '나'에 대한 사랑, '나'를 목이 타도록 사랑하기 때문에, 우리는 '나'에게 맞으면 탐욕의 불길을 일으키고, '나'의 뜻대로 되지 않으면 분노의 불길을 일으키며, 그 탐욕과 분노심으로 갖가지 어리석은 행동을 저질러 '나'를 불태워 버립니다.

곧 '나'에 대한 애타는 사랑인 갈애가 탐·진·치의 세 가지 독[三毒]을 뿜어내고, 그 삼독이 우리를 괴로움의 세계에 갇혀 살도록 만들어버리는 것입니다.

세 번째의 **고멸성제**苦滅聖諦(멸성제 또는 멸제)는 '괴로움이 완전히 사라진 자리'를 천명한 가르침입니다.

이때의 멸滅은 세간 속의 각종 괴로움[苦^고]과 그 괴로움의 원인[苦集^{고집}]을 완전히 없앤 것입니다. 그래서 이 멸을 해탈解脫이라고 하며, 타오르던 번뇌의 불길이 모두 꺼졌다고 하여 열반 또는 적멸寂滅이라고 합니다.

이 고멸성제에서 참으로 의미심장한 것은 '**멸滅**'이라는 표현을 쓴 것입니다. 고에 대응하여 낙을 '얻는다'거나 '찾는다', '증득한다'는 표현을 쓸 수도 있는데 '멸한다'고 하셨습니다.

갈애와 탐·진·치의 삼독심만 멸하면 고가 사라지면서 상락아정常樂我淨, 곧 영원하고 행복하고 자재롭고 청정한 열반의 자리가 나타난다는 것입니다.

그럼 어떻게 할 때 고멸성제를 이루게 되는가? 이를 설한 것이 사성제의 마지막인 **고멸도성제**苦滅道聖諦(도성제 또는 도제)입니다. 고멸도성제는 '고를 멸하는 길이 이것임을 깨닫고 실천하라'는 가르침으로, 불교의 가장 중요한 수행법인 **팔정도**八正道로 모아집니다.

① 정견正見 : 바로 보라

② 정사正思 : 바로 생각하라

③ 정어正語 : 바르게 말하라

④ 정업正業 : 바르게 행동하라

⑤ 정명正命 : 바르게 생활하라

⑥ 정정진正精進 : 바르게 정진하라

⑦ 정념正念 : 바르게 집중하라

⑧ 정정正定 : 바르게 선정을 이루어라

이 팔정도의 '도道'는 진리의 길이요 열반의 길입니다. 멸滅로 나아가는 삶이요, 열반과 진리로 향한 삶입니다. 고집苦集의 길인 갈애와 탐·진·치의 삼독을 추종하여 고통 속에서 허덕이는 중생들이, 영원[常]·행복[樂]·자재[我]·청정[淨]이 충만된 열반의 땅을 향해 닦아 나아가는 삶의 바른 실천이 팔정도입니다.

따라서 팔정도를 실천하면 반드시 향상을 하고, 팔정도를 닦으면 자유와 행복과 평화가 보장되며, 고멸성제라는 과보를 얻어 해탈의 삶을 이룰 수가 있습니다. 이 성스러운 길을 걸어갈 자, 정녕 누구이겠습니까?

부처님께서 중생의 해탈을 위하여 알기 쉽고 논리적으로 설하신 사성제의 진리! 불자라면 마땅히 이 성스러운 진리를 '나'의 것으로 만들어, 깨달음의 본래 자리로 나아가야 할 것입니다.

지智와 득得

이제 반야심경의 '없다(無) 없다(無)'는 무지역무득에 이르렀습니다.

예부터 **무지역무득**無智亦無得의 '지智는 보리菩提요 득得은 열반涅槃'으로 풀이되어 왔습니다. 곧 대승의 보살이 보살도菩薩道를 실천하면서 깨닫는 지혜가 보리요, 그 과보가 열반입니다.

달리 말하면 **보리**는 지혜롭게 깨달아가는 삶이며, 완전히 깨달으면 열반의 경지에 도달합니다.

그럼 깨닫기 위해서는 어떠한 보살도를 실천해야 하는가? 보살의 행이 수없이 많지만 축약을 하면 보시·지계·인욕·정진·선정·반야의 **육바라**밀로 모아지며, 이 여섯 가지 중에 하나만 지극히 실천하여도 바라밀波羅蜜, 곧 열반의 자리에 이르게 된다고 하였습니다.

그야말로 보시布施를 통하여 깨닫고 향상하여 마침내

열반에 이르는 것이 보시바라밀이요, 지계持戒를 통하여 깨닫고 향상하여 마침내 열반에 이르는 것이 지계바라밀이며, 인욕忍辱·정진精進·선정禪定·반야般若를 통하여 깨닫고 향상하여 마침내 열반에 이르는 것이 인욕바라밀이요 정진바라밀이요 선정바라밀이요 반야바라밀인 것입니다.

그러나 이러한 보리와 열반의 경지는 아직 우리와 거리가 있는 자리이므로, 여기에서는 서산대사께서 설하신 육바라밀의 내용을 요약하여 싣습니다. 평소에 독송하고 새기며 살면 삶의 자세가 바뀌게 되고 생활에 상당한 변화가 찾아올 것입니다.

· 보시는 나와 남이 둘이 아님을 실천하는 것이니
  동체대비심同體大悲心으로 다른 이를 대하라
· 지계는 청정한 깨달음을 얻을 수 있게 하나니
  계율 존중하기를 부처님 모시듯이 하라
· 인욕 없이는 보살행을 이루지 못하나니
  나에게 맞고 거슬리는 것에 다 무심하라
· 정진은 본래의 천진한 마음을 지키는 것이니
  마음을 단속하며 꾸준히 나아가라
· 이렇게 정진하여 시간이 경과하면

마음이 고요해져서 선정을 이루게 되고
· 선정의 물이 맑으면 밝은 지혜가 생겨나
세상의 일과 생사에 자재하게 되느니라

육바라밀! 누구든지 이 육바라밀을 실천하면 나날이 향상하여 해탈을 얻을 수 있습니다.

실로 보살의 삶은 지혜롭게 향상을 하는 삶입니다. 홀로 닦는 삶이 아니라 중생 속에 들어가 함께 생활하는 삶입니다. 그 속에서 자비의 보살행을 실천하면서 차츰 깨닫고 차츰 향상하여, 마침내 위없는 깨달음인 무상보리無上菩提를 이루고 불교의 목적지인 열반에 이르는 것이 보살의 삶이요, 이것이 반야심경의 지智와 **득得**입니다.

이 자리에 이를 때까지 깨달음을 이루는 육바라밀 등의 보살행을 능력껏 실천하며 나아가는 것이 대승불자인 보살의 자세입니다.

과연 대승불교권의 불자인 우리는 지금 무엇을 깨달아 가고 있고, 무엇을 증득하고 있는지요?

왜 부정하는가?

무무명 역무무명진 내지무노사 역무노사진 무고집멸도 무지
無無明 亦無無明盡 乃至無老死 亦無老死盡 無苦集滅道 無智
역무득
亦無得

이 구절을 통하여 반야심경에서는 이제까지 이야기한 불교의 핵심 가르침인 십이인연법·사성제·보리·열반을 모두 '무無'로 돌렸습니다. 모두를 부정하고 있습니다.

왜? 왜 이토록 소중한 가르침들을 없다고 한 것인가?

그 까닭은 두 가닥으로 나누어 볼 수 있습니다.

첫째, 진공眞空 그 자체에는 이 모든 것이 진실로 없기 때문입니다. 풍선 속의 '나'에게는 모든 현상과 의지해야 할 법이 또렷이 있지만, 일법계一法界의 허공 그 자체가 되면 무엇이 있습니까? 꿈을 깨고 나면 꿈속에 있던 것들이 어디에 있습니까?

우리의 본래 자리에는 아무것도 없습니다. 그야말로 진공입니다. 반야심경은 지금 그 본래 자리를 이야기하고 있기 때문에, 연각·성문·보살의 길을 걷고 있는 이들이 의지해야 할 십이인연·사성제·육바라밀의 법까지 모두 '없다'고 한 것입니다.

둘째는 연각·성문·보살들이 그들만의 소중한 보물로 삼고 있는 가르침에 집착하는 것을 놓아버리게 하기 위

함입니다.

십이인연·사성제·육바라밀은 열반의 땅이 있는 피안彼岸으로 건너가게 하기 위한 가르침입니다. 이 법法은 피안으로 건너갈 때까지만 필요합니다. 이 법은 뗏목과 같은 것입니다.

❀

부처님께서 기원정사에 계실 때 비구들에게 말씀하셨습니다.

"나는 너희들에게 집착을 버리도록 하기 위해 뗏목의 비유를 들겠다. 어떤 나그네가 긴 여행 끝에 바닷가에 이르렀고, 그는 생각하였다.

'바다 건너 저쪽은 평화로운 땅이다. 그러나 배가 없으니 어떻게 갈까? 갈대와 나무로 뗏목을 만들어서 건너가야겠구나.'

그는 뗏목을 만들어 무사히 바다를 건너갔고, 다시 생각하였다.

'이 뗏목이 아니었다면 바다를 건널 수 없었을 것이다. 참 은혜로운 뗏목이다. 나는 이 뗏목을 메고 가리라.'

비구들이여, 어떻게 생각하느냐? 그가 뗏목을 메고 가는 것이 뗏목에 대한 도리를 다하는 것이더냐?"

"그렇지 않나이다, 세존이시여."

"그렇다. 그는 마땅히 이렇게 생각해야 한다.

'이 뗏목을 의지하여 나는 무사히 바다를 건너왔다. 이제 다른 사람들도 이 뗏목을 이용할 수 있도록 물에 띄워 놓자. 그리고 나는 내 갈 길을 가자.'

이와 같이 하는 것이 그 뗏목에 대한 도리를 다하는 것이다.

비구들이여, 이 뗏목의 비유와 같이 교법敎法을 배워 그 뜻을 안 다음에는 버려야 할 뿐, 거기에 집착하여서는 안 된다는 것을 나는 분명히 말하였다. 너희들은 이 뗏목처럼 내가 말한 교법까지도 버리지 않으면 안 된다. 하물며 법 아닌 것이야 말할 것이 있겠느냐!"

§

십이인연·사성제·육바라밀 등의 법에 의지하여 본래 자리로 돌아갔으면 이러한 법들이 더 이상 필요하지 않습니다. 그런데 계속 이 법에 집착해 보십시오. 새로운 구속, 새로운 고苦가 시작됩니다. 피안에서 뗏목을 가지고 다니는 것이 장애만 되듯이….

한 줌의 집착도 때 묻음도 없이 허공처럼 맑은 본래 자리 마하심! 정녕 반야심경은 모든 집착을 비울 때 대자재의 마하심을 회복하게 된다는 것을 깨우쳐 주고 있습니다.

 '없다[無]·없다[無]·없다[無]'는 단어를 통하여 모든 것을 부정한 반야심경! 이제 우리는 반야심경에서 가르치는 본래 자리가 나[我]와 법法을 비울 때 저절로 나타나는 것임을 새기면서, 삶의 현장에서 집착을 한 겹 한 겹 비우고 또 비우며 살아가고 살려가야 할 것입니다.

 나무마하반야바라밀.

V
반야바라밀다의 공덕

진실불허眞實不虛!
우리가 부처님 전에 서고 반야심경을 외우는 그 시간은
진실불허의 자세를 갖추고 주인공이 되는 시간입니다.
진실할 뿐, 헛되지 않은 삶의 자세를 갖추는 시간입니다.
부처님과 관세음보살님께서 왜 반야심경을 설하셨습니까?
진실불임을 깨우쳐 주기 위함이셨습니다.
누구든지 다 간직하고 있는 진실불허!
이것을 일깨워주기 위해 반야심경을 설하신 것이며
45년을 하루같이 설법을 하신 것입니다.

이 무 소 득 고
以無所得故

보 리 살 타　의반야바라밀다　고 심 무 가 애
菩提薩埵 依般若波羅蜜多 故心無罣碍

무 가 애 고　무 유 공 포　원 리 전 도 몽 상　구 경 열 반
無罣碍故 無有恐怖 遠離顚倒夢想 究竟涅槃

삼 세 제 불　의반야바라밀다　고 득 아 뇩 다 라 삼 먁 삼 보 리
三世諸佛 依般若波羅蜜多 故得阿耨多羅三藐三菩提

고 지 반 야 바 라 밀 다　시 대 신 주　시 대 명 주　시 무 상 주
故知般若波羅蜜多 是大神呪 是大明呪 是無上呪

시 무 등 등 주
是無等等呪

능 제 일 체 고　진 실 불 허
能除一切苦 眞實不虛

고 설 반 야 바 라 밀 다 주　즉 설 주 왈
故說般若波羅蜜多呪 卽說呪曰

아 제 아 제　바 라 아 제　바 라 승 아 제　모 지　사 바 하
揭諦揭諦 波羅揭諦 波羅僧揭諦 菩提 娑婆訶(3번)

얻을 것이 없는 까닭에

보살은 반야바라밀다를 의지하므로 마음에 걸림이 없고

걸림이 없으므로 두려움이 없어서

뒤바뀐 헛된 생각을 멀리 떠나 완전한 열반에 들어가며

삼세의 모든 부처님도

반야바라밀다를 의지하므로 최상의 깨달음을 얻느니라.

반야바라밀다는 가장 신비하고 밝은 주문이며

위없는 주문이며 무엇과도 견줄 수 없는 주문이니

온갖 괴로움을 없애고 진실하여 허망하지 않음을 알지니라.

이제 반야바라밀다 주를 말하리라.

아제 아제 바라아제 바라승아제 모지 사바하(3번)

1. 왜 걸림 없이 못 사는가?

무소득과 무가애

앞에서 우리는 오온과 육근·육경·육식, 십이인연과 사성제, 보리와 열반 등이 모두 '없다(無)'는 것을 살펴보았습니다. 곧 반야심경에서는 '무색無色'부터 '무지역무득無智亦無得'까지 13차례나 무無라는 단어를 써서, 허공처럼 맑은 마하심에 '나(我)와 법法이 본래 없다'는 것을 설하신 것입니다.

중생! 우리 중생들은 본래 없는 이것에 집착을 합니다. 풍선과도 같은 자아에 집착을 하고, 보이고 들리는 대상에 집착을 하고, 자기가 추구하고 있는 나름대로의 법에도 집착을 합니다.

왜 이처럼 '본래 없는 것'에 집착을 할까요? 있다는 착각 때문입니다. 어두운 길에서 새끼줄을 보고 뱀으로 착각을 하듯이, 본래 없는 것에 대해 있는 것으로 착각을 하고, 착각한 그것에 집착을 하기 때문입니다.

하지만 아무리 집착을 한들 본래 없는 것은 진짜로 얻을 수가 없습니다. 얻을 수가 없는 **무소득**無所得입니다.

반대로 반야지혜의 눈을 갖추어 '있는 그대로'를 볼 수 있게 되면, 착각을 벗어나고 집착을 떠나 능히 잘 살 수가 있습니다.

그럼 착각과 집착을 떠나 얻을 바 없는 무소득의 길을 걷는 이는 누구인가? 바로 **보리살타**菩提薩埵입니다. 보리살타, 곧 '보살菩薩'은 무소득의 삶을 살아갑니다. **무소득인 줄을 알기 때문에 반야바라밀다에 의지하여 걸림 없는 마음으로 살아간다**〔以無所得故 菩提薩埵 依般若波羅蜜多故 心無罣碍〕는 것입니다.

보살이 의지하는 마하반야바라밀다. 이는 모든 것이 다 비어있는 진공眞空입니다. 하지만 그 진공은 얻을 수 있는 것이 아닙니다. 잡을 수 있는 것도 아닙니다. 그냥 대우주법계의 허공마냥 텅 비어 있습니다.

그렇지만 묘유妙有와 묘용妙用이 있습니다. 모든 좋은 것들이 이것을 의지하여 나옵니다. 이로부터 모든 것이 나오는 것입니다.

바꾸어 말하면 얻는 바가 없음을 얻어야 진짜를 얻습니다. 얻는 바가 없어야 진짜를….

이를 달리 이야기하면, 얻는 바가 있다고 하면 부처를

이룰 수 없고, 얻는 바가 없음을 알기 때문에 부처를 이룰 수 있다는 말씀입니다. **무소득**임을 알고 모든 집착을 비우면 그냥 이 자리에 나타날 뿐입니다. 그래서 반야심경에서 '**이무소득고**以無所得故'라고 한 것입니다.

무소득은 『금강경』의 '마땅히 머무르는 바 없이 마음을 내라〔應無所住 而生其心〕'는 구절의 무소주無所住와도 맥을 같이 합니다.

진짜는 '마땅히 머무르는 바가 없을 때〔應無所住〕' 그냥 나타납니다. 하지만 중생들은 반대로 살아갑니다. 집착을 해야 진짜가 오는 줄로 착각을 하고 있습니다. 그래서 집착을 한 그것을 '나'의 것으로 만들고자 발버둥을 치는 것입니다.

그렇지만 집착과 욕심, 보상심리나 기대심리가 마음속에 자리 잡고 있을 때는 진짜가 우리 앞에 모습을 나타내지 않습니다. 그 집착과 욕심이 고무풍선과도 같은 자아의 막이 되어 진짜를 거부해 버립니다. 마하반야바라밀, 진공眞空, 참된 하나의 법계〔一法界〕와 하나가 되지 못하게 합니다.

오히려 집착과 욕심 때문에 자꾸만 마음에 걸림이 생기고, 마음에 걸림이 있기 때문에 두려움을 느끼며, 두려움 때문에 수없는 번뇌망상을 일으키고, 그 번뇌망상으로 업을 지어 고통의 생生을 받고 또 받는 것입니다.

이와는 반대로 머무를 바가 없고〔無所住〕 얻을 바가 없음〔無所得〕을 알게 되면 집착과 욕심 없이 살 수 있게 되며, 집착과 욕심이 없으면 마음에 걸릴 것이 없습니다.

마음에 걸림이 없으면 두려움이 없고〔無罫碍故 無有恐怖〕, 두려움이 없으면 인생살이에 대한 **몽상이 저절로 사라지며**〔遠離顚倒夢想〕, 몽상이 없으면 생生과 사死마저 소멸하여 **마침내 열반을 증득**〔究竟涅槃〕하는 것입니다.

실로 보살은 집착과 욕심을 부리지 않을뿐더러, 어떠한 기대와 보상도 바라지 않고 자비와 지혜를 실천합니다. 그냥 정성껏 정성껏, 다 함께 깨닫는 자각각타自覺覺他의 길을 걸어가는 것입니다. 따라서 진정한 보살의 삶에는 걸릴 것이 없습니다. 그야말로 **무가애無罫碍**로 살아갑니다. 걸림 없이 살아갑니다.

그런데 문제는 중생입니다. 과연 어떻게 해야 현재 번뇌 망상 속에서 허덕이는 중생들이 걸림 없는 보살의 삶을 살 수 있는 것일까?

무엇보다도 실체를 바로 볼 줄 알아야 합니다. 있는 그대로의 모습을 보고 흘러가는 구름에 대한 욕심과 집착을 놓아버려야 합니다.

잠깐 청산靑山과 구름, 창공과 구름의 관계를 살펴보면

서 무소득과 무가애의 삶을 이야기해 봅시다.

　우리는 청산에 걸려 있는 구름이나 산안개를 종종 봅니다. 때때로 홀연히 일어난 안개가 청산을 감싸기도 하고, 어디에선가 흘러온 흰 구름이 청산을 의지하여 잠시 머무르기도 합니다. 물론 이 청산에는 흰 구름만 찾아오는 것이 아닙니다. 때로는 먹구름이 산 전체를 뒤덮고 무섭게 비바람을 뿌리기도 합니다.

　그러나 청산을 찾아오는 어떠한 구름도 영원히 함께 하는 것은 없습니다. 얼마 후면 구름은 청산을 떠나갑니다. 그리고 구름이 떠나면 청산은 본래의 모습을 있는 그대로 보여주며, 또 다른 구름이 찾아옵니다.

　저 하늘의 창공 또한 마찬가지입니다. 구름이 시도 때도 없이 오락가락하지만, 구름이 지나간 하늘은 변함없이 맑을 뿐입니다.

　이처럼 우리 스스로가 청산이요 창공임을 알게 되면 구름에 집착하지도 구름을 싫어하지도 않게 되고, 참된 보살의 지위에 들어서게 됩니다.

　그런데 지금의 우리는 어떻습니까? 내가 바로 청산이요, 창공인 줄을 알고 삽니까? 아닙니다. 청산이나 창공이 아니라 구름에 집착하며 살고 있습니다. 구름을 잡으려 하면서 살고 있습니다.

누가 흘러가는 구름을 잡을 수 있습니까? 누가 구름을 얻을 수 있습니까? 없습니다. 누구도 얻을 수 없습니다. 무소득입니다. 구름을 잡고 구름을 얻겠다는 것은 중생의 착각입니다.

구름은 원래 실체가 없는 허망한 것〔妄〕입니다. 이 헛된 것을 놓아버려야 참모습이 나타납니다. 구름에 대한 집착만 놓으면 청산이 되고 창공이 되어 삽니다.

이렇듯 구름이 아니라 청산일 줄 알며 사는 자, 구름이 걷히면 하늘이라는 것을 알며 사는 자, 얻을 바 없는 무소득의 길을 걸림 없이(무가애) 걸으며 사는 자! 그가 바로 보살입니다. 중생의 삶이 착각임을 깨달아 청산처럼 한결같이 사는 이가 보리살타인 것입니다.

그렇습니다. 중생과 보살의 차이점은 여기에 있습니다. 중생은 청산을 잊은 채 구름을 집착하며 삽니다. 눈앞에 펼쳐져 있는 갖가지 대상과 현상과 사건에 사로잡혀 살아갑니다.

과연 그 현상이나 사건들은 어떠한 것입니까? 모두가 구름처럼 흘러가는 것입니다. 어디서 왔다가 어디로 가는지를 알 수가 없고, 잡으려 해도 잡을 수가 없는 것들입니다. 그런데도 중생은 이에 집착을 하여 잡으려 하고 움켜쥐려고 합니다.

그러나 보살은 다릅니다. 구름을 잡을 수도 얻을 수도 없다는 것을 알기에 구름에 집착을 하지 않습니다. 그리고 언제나 스스로가 청산임을 기억합니다.

실로 우리 인생에 있어 청산과 구름은 늘 함께합니다. 하늘과 산에는 구름이 있기 마련입니다. 이 구름이 가고 나면 또다시 저 구름이 옵니다. 따라서 지혜로운 보살의 삶을 살고자 하면, 삶의 현장에서 불현듯이 함께하는 구름의 실체부터 알아야 합니다.

구름의 실체를 아는 보살은 삶의 현장에 구름이 있다는 것에 대해 싫어하지도 좋아하지도 않습니다. 이 구름이 간다고 하여 좋아하지 않고, 저 구름이 온다고 하여 싫어하지 않습니다.

구름이 있다는 것 자체를 싫어하거나 좋아하지 않습니다. 먹구름이 와도 싫어하지 않고 흰 구름이 와도 좋아하지 않습니다. 구름을 그냥 실체가 없는 구름으로 볼 뿐, 구름에 의해 흔들리지 않습니다. 그리고 스스로가 청산임을 늘 깨닫습니다.

무유공포와 두려움의 실체

이와 같이 하여 청산이나 하늘과 같은 마하반야바라밀
다에 의지하게 되면 마음이 **무가애**〔心無罣碍〕로 바뀝니다.
곧 마음에 걸림이 없어집니다.

그리고 **마음에 걸림이 없으면 공포가 있을 수 없습
니다**〔無罣碍故 無有恐怖〕. 바꾸어 말하면 걸림이 있기 때문
에 두려움이 있다는 것입니다.

그리고 **마하반야바라밀다에 의지하게 되면 전도된
몽상을 멀리 떠납니다**〔遠離顚倒夢想〕. 뒤바꾸어 생각했던
몽상夢想 · 망상妄想 · 공상空想 · 환상幻想 · 광상狂想들을 모
두 떠나 **마침내는 열반에 이릅니다**〔究竟涅槃〕.

인생살이에 있어서의 가장 큰 장애는 스스로가 일으킨
생각에 걸려 몽상 속에 젖어 들고 두려움에 빠져드는 것
입니다. '나' 스스로가 만들어낸 두려운 마음 때문에 스
스로를 향상하기는커녕 날개조차 펼쳐보지 못하는 경우
가 참으로 많이 있습니다.

스스로가 잘 할 수 있는 능력을 갖추고 있으면서도, 현
재의 불안감과 앞일에 대한 두려움 때문에 스스로 포기
하고 물러서는 경우가 많습니다. 또, 마땅히 해야 하는

일인 줄 알면서도, 마음에 걸리고 두렵다는 이유로 다가온 현실로부터 도망을 치는 경우가 많습니다.

하지만 도망을 친다고 하여 '나'에게 다가온 일이 남의 일로 바뀌지는 않습니다. 다가온 그 일은 마땅히 내가 감당해야 할 바요, 내가 살아야 할 인생입니다.

따라서 내면의 반야바라밀다에 의지하여 스스로를 다시금 관조하고 부족한 점을 극복하여 걸림 없고 두려움 없이 나아가야 합니다.

실로 인생을 잘 살려가기 위해서는 **두려움을 잘 극복해야** 합니다. 특히 공연한 두려움, 공연한 불안감에 휩싸여서는 안 됩니다. 매사에 조심은 해야겠지만, 두려움에 빠져들어서는 안 됩니다.

사실 기계문명이 발달한 현대사회에서는 갖가지 불안한 일들이 날이 갈수록 많이 생겨납니다. 자연재해도 인간의 환경파괴로 인해 더욱 커졌고, 교통사고·납치·강간·살인·강도·자살 등등의 인재人災들도 자주 발생합니다.

이러한 때에 전염병·불량식품·초미세먼지 등과 같이 건강과 관련된 일까지 사람들을 불안하게 만들고 있습니다. 이를 언론매체들이 경쟁적으로 보도를 하게 되면 온 나라가 양은 냄비에 물 끓일 때 들썩이는 뚜껑처럼 요란해지고, 온 국민이 벌벌 떱니다.

또 어느 지방에서 살인사건이나 납치사건이 몇 건 일어났다고 하면 온 나라가 불안감에 휩싸이고, '우리 가족'에게 그 화가 미치지 않을까 걱정을 합니다. 그리하여 휴대폰으로 가족의 잘 있음을 수시로 점검하고, 나간 사람이 조금만 늦게 들어와도 공연한 불행을 떠올립니다.

왜 부산에서 일어난 사건이 서울 사람까지 불안하게 만들까요? 왜 온 나라가 벌벌 떨까요? 사실 지금 '나'에게 다가올 일도 아닌데…. 왜 이렇게 되었을까요?

내 마음이 안정되어 있지 않기 때문에 공연히 불안한 것입니다.

인과의 법칙을 믿고, '나에게 찾아올 일은 아무리 피하려 해도 오기 마련이요, 오지 않을 일은 결코 찾아들지 않는다'는 확신만 있어도 사회적인 불안이나 두려움에서 벗어날 수 있습니다. 확신이 있으면 마음에 걸릴 것이 없고(심무가애), 걸림이 없으면 두려울 까닭이 없습니다(무가애고 무유공포).

반대로 스스로가 흔들리고 있으면 언론에 보도되는 큰 사건들이나 주위 사람의 불행이 모두 두려움으로 다가서고, 그 두려움을 따라 불안이 춤을 추기 시작합니다. 이렇듯 안정된 '나'보다는 흔들리고 있는 '나'가 훨씬 더 많기 때문에 온 나라가 요동을 칠 수밖에 없는 것입니다.

이것이 문제입니다. 반야의 지혜로 서로를 잡아주고 욕망이나 불안감을 고요하게 가라앉히는 사람은 없고, 모두가 부산하게 감각의 대상을 향해 뛰쳐나가 휩싸이기 때문에, 삶이 불안해지지 않을 수가 없고 온 나라가 요동을 치지 않을 수가 없습니다.

그러므로 두려움을 잠재우려면 바깥이 아니라 스스로의 내면을 돌아볼 줄 알아야 합니다. 바깥을 따라가지 말고 내면의 진정한 불안이 무엇인가를 관조해 볼 줄 알아야 합니다. 그리하여 그 불안의 실체를 분명히 파악해야 합니다.

무엇에 의지하여? 마하반야바라밀에 의지하여….

하지만 이 관조마저 중생에게는 쉬운 일이 아닙니다. 관조보다는 불안과 두려움에 빠져들기가 더 쉬운 존재가 중생입니다.

그렇다면 불안감과 두려움에 휩싸인 채 살아가야만 하는가? 아닙니다. 아주 쉬운 방법이 있습니다.

그 방법은 불안·걱정·두려움을 축원祝願으로 대체시키는 것입니다. 불안한 마음을 축원으로 채우고, 걱정 대신 축원을 해주는 것입니다.

한 예를 들겠습니다. 부모들은 자식이 공부를 못하거나

생활 태도가 나쁠 때 걱정부터 합니다.

"쟤가 저래서 무엇이 될까? 걱정이다."

"내 자식이지만 불안해. 어떻게 버릇을 고친다?"

하지만 걱정하고 불안해한다고 하여 그 아이가 좋아지지 않습니다. 오히려 부모의 불안감이나 걱정이 뇌파腦波로 전달되어 더 부정적인 결과를 낳을 수도 있습니다. '걱정스럽다'·'불안하다'는 부모의 생각이 자식을 더욱 그릇된 길로 나아가도록 만드는 경우가 있기 때문입니다.

반대로 걱정 대신 축원을 자꾸 해주면 우리들의 자녀들이 축원대로 바뀌게 됩니다. 단, 부모의 욕심이 아닌 진정한 축원이어야 합니다. 그 축원의 예를 들겠습니다.

"부처님, 저 아이가 늘 건강하고, 맑고 밝고 깊이 있는 삶을 이루어지이다."

"항상 건강하고 자비와 지혜와 평화와 행복이 충만하여지이다. 나무관세음보살…."

"저 아이의 뜻과 같이 이루어지고 향상의 길로 나아가지이다. 나무마하반야바라밀."

기도를 할 때나, 집을 나서는 아이의 뒷모습을 보며, 또 아이에 대한 걱정이나 불안이 느껴질 때마다 이렇게 축원을 해보십시오. 참으로 아이가 긍정적으로 변할 뿐 아니라, 자비롭고 지혜롭고 평화롭고 행복하게 성장하고 잘 살 수 있게 됩니다.

물론 아이뿐만 아니라 부모·남편·아내를 향해서도 이렇게 축원을 하면 됩니다.

자, 이제 걱정을 하시렵니까? 축원을 하시렵니까? 불안과 두려움 속에서 사시렵니까? 축원으로 우리 가족을 평화롭고 행복하게 만드시렵니까?

물론 대답은 '축원'일 것이라 믿어 의심치 않습니다.

반야바라밀다! 반야바라밀다는 특별한 것이 아닙니다. 결코 우리와 무관한 것이 아닙니다. 불안과 두려움과 걱정스러운 마음을 평온과 행복으로 바꾸어 주는 **축원이야말로 우리가 마땅히 의지해야 할 반야바라밀다입니다.**

마하반야바라밀다에 의지하면

마하반야바라밀다심! 이 마음을 우리는 항상 지니고 있습니다. 그렇다면 참되고 한결같은 이 마음을 의지하여 살아야 합니다. 그래야만 행복과 해탈이 '나'의 것이 됩니다.

그런데 어떻습니까? 이 마하심을 의지하여 살고 있습니까? 마하심이 아니라 번뇌망상의 생멸심生滅心, 고무풍선 속의 자아심自我心으로 살고 있지는 않습니까?

만약 이제까지 자아심·자존심·이기심·생멸심에 의지하고 있었음을 느끼신다면 지금부터라도 마하반야바라밀다심에 의지를 하십시오. 일이 있을 때마다 나에게 마하반야바라밀다심이 있음을 생각하고, 마하심에 비추어 해답을 얻고자 해보십시오.

마하심에 의지하면 걸림이 없어집니다. 두려움이 없어지고 근심 걱정이 지혜로 바뀝니다. 그리고 마침내는 대각몽大覺夢을 하게 됩니다. 꿈에서 완전히 깨어나 대해탈을 성취하게 됩니다.

그러므로 반야심경은 실로 꿈은 현실이 아닙니다. 그런데도 중생은 꿈을 현실로 삼고 살아갑니다. 그것이 **전도몽상**顚倒夢想입니다. 이러한 꿈에서 완전히 깨어난다는 것, 곧 **원리전도몽상**한다는 것은 풍선 속에 있는 듯한 자아가 본래 없음을 깨달아, 하나의 참된 대법계〔一眞法界〕 그 자체의 삶을 살아가는 것이요, 이렇게 될 때 **아뇩다라삼먁삼보리를 얻게 되고**, 마침내 모든 번뇌의 불이 완전히 꺼진 열반涅槃에 이르러 영원하고〔常〕 행복하고[樂] 자유자재하고[我] 청정한[淨] 삶을 누리게 되기 때문에 반야심경에서는 **삼세제불 의반야바라밀다 고득아뇩다라삼먁삼보리** 三世諸佛 依般若波羅蜜多 故得阿耨多羅三藐三菩提라 한 것입니다.

아뇩다라삼먁삼보리(auttarā-samyak-saṃbodhi)는 부처님의 깨달음을 나타낸 단어입니다. '위가 없는 완전한 깨달음'이라 하여 '무상정등정각無上正等正覺'으로 의역意譯하는데, 신라의 원측圓測스님은 다음과 같이 풀이하셨습니다.

· 어떠한 법도 이를 넘어설 수 없기 때문에 '무상無上'이라 하였고[無法可過 故言無上]
· 모든 것의 본질[理]과 현상[事]을 다 아는 까닭에 '정등正等'이라 하였으며[理事遍知 故云正等]
· 헛됨을 떠나 참됨을 비추기 때문에 '정각正覺'이라고 한다[離妄照眞 故云正覺].

곧 무상정등정각은 '가장 높고 모든 것을 다 아는 참된 깨달음', '가장 완전하고 누구에게나 두루해 있는 참된 깨달음'이라는 뜻입니다.

모든 부처님께서 이루신 무상정등정각의 근거요 의지처가 된 마하반야바라밀다! 어찌 불자인 우리가 이 반야바라밀다를 의지하지 않을 것입니까?

이 마하반야바라밀다심을 회복하고자 하는 불자라면 정진을 시작해야 합니다. 어떠한 정진을 시작해야 하는가? 곧바로 '오온개공五蘊皆空'의 도리를 체득하면 가장 빨리 무상정등정각에 이를 수 있습니다.

하지만 공空의 도리가 잘 이해되지 않는다면 삶의 현장에서 생겨나는 애증愛憎의 마음을 돌아보는 공부를 늘 해야 합니다.

🌼

옛날 어느 장군이 자기가 몹시 아끼는 골동품 찻잔을 감상하고 있었습니다. 그런데 '아차' 하는 순간에 찻잔이 손에서 빠져나갔고, 장군은 바닥에 떨어져 깨어지기 직전의 찻잔을 가까스로 잡았습니다.

"휴, 정말 큰일 날 뻔했구나."

숨을 몰아쉬는 장군의 온몸은 땀으로 범벅되어 있었습니다.

'천군만마를 이끌고 전쟁터에 나가 수없이 죽음을 직면

하면서도 두려움을 느낀 적이 없었던 내가, 조그마한 골동품 찻잔 하나에 이렇게까지 놀라다니….'

장군은 '사랑하고 미워하는 애증愛憎의 마음'이 자기를 그토록 놀라게 하였다는 것을 깨닫고, 그 찻잔을 멀리 던져버렸습니다.

§

천군만마를 이끌던 대장군을 놀라게 한 조그마한 찻잔. 그 찻잔에는 장군의 애착이 짙게 배어 있었습니다. 이처럼 애착은 쉽게 두려움으로 바뀝니다. 미움 또한 분노와 공포심을 불러일으킵니다.

실로 사랑하고 미워하는 애증의 마음은 인간을 우습고 두렵고 힘들게 만듭니다. 사랑하고 미워하는 마음. 만약 우리가 이 애증의 마음에 사로잡히지 않으면 모든 두려움과 근심 걱정을 벗어날 수 있습니다.

그리고 애증의 마음을 벗어버리면 모든 것의 있는 그대로를 볼 수 있는 마하반야바라밀다심과 저절로 개합하여 전도되지 않고 바르게 잘 살 수 있으며, 열반의 자리로 나아갈 수 있습니다.

하지만 애증의 마음을 돌아본다는 것 또한 쉽지만은 않을 것입니다. 만약 그렇다면, 인과因果라도 확실히 믿으십시오. 인과를 확실히 믿어 인생 자체가 특별한 이익이 없는 '무소득無所得'이라는 것을 깨닫게 되면 '의반야바라밀다'가 이루어질 수 있습니다.

무소득! 거창한 공空의 이론을 논하지 않더라도, 인과응보因果應報의 관점에서 볼 때 인생은 무소득입니다. 심은 대로 거두는 것이 인생이요, 본전 놓고 본전을 얻는 것이 인생살이입니다.

이 인과의 법칙은 아주 정직합니다. 더 큰 이익도 손해도 돌아오지 않습니다. 더 이상도 더 이하도 없는 본전먹기의 살림살이입니다.

이러한 인과의 법칙을 확실히 믿어, 인생이 본전을 투자하여 본전을 되찾는 살림살이라는 것만이라도 분명히 깨닫게 되면, 쓸데없는 욕심이나 헛된 집착을 갖지 않게 되며, 인생이 무소득임을 잘 알기 때문에 능히 반야바라밀다에 계합契合을 할 수가 있습니다.

부디 명심하십시오. 열반의 길로 가는 출발은 '무소득'입니다. 무소득임을 알면 반야바라밀다와 하나가 되고, 나의 마음이 본래 마하반야바라밀다심임을 체득하게 되면 무가애의 걸림 없는 삶을 살 수 있게 되며, 걸림 없는 자재自在로움 속에서 어떠한 두려움도, 전도된 몽상도 없는 멋진 삶을 누리게 됩니다.

아울러 한순간도 '나'로부터 떠나지 않았던 마하반야의 세계, 열반의 세계, 평화의 세계, 대행복의 세계와 하나가 됩니다.

꼭 유념하십시오. 실체가 없는 구름은 언제든지 오고 갑니다. 그리고 청산靑山 또한 언제나 한결같이 지금 이 자리에 있습니다. 자아의 풍선 속이 아닌 마하반야바라밀다의 청산이….

모든 것에 걸림 없는 사람은 　　一切無碍人
단번에 생사를 벗어난다네 　　一道出生死

원효대사께서 이 땅 방방곡곡을 두루 다니며 부르셨던 이 〈무애가無碍歌〉처럼, 모두가 진정한 무애인이 되어 단번에 생사를 넘어서서 마하반야의 세계, 열반의 경지로 나아가시기를 축원 드려 봅니다.

나무마하반야바라밀

2. 진실불허의 삶

위대한 주문

_{고 지 반 야 바 라 밀 다} _{시 대 신 주} _{시 대 명 주} _{시 무 상 주} _{시 무 등 등 주}
故知般若波羅蜜多　是大神呪　是大明呪　是無上呪　是無等等呪
_{능 제 일 체 고}
能除一切苦

마침내 우리는 반야심경의 마지막 부분인 총결분總結分에 이르렀습니다. 그런데 반야심경의 이 총결분은 '마하반야바라밀다'를 하나의 주문으로 집약시키고 있습니다. 반야바라밀다는 "크게 신비로운 주문이요〔大神呪〕 _{대 신 주} 크게 밝은 주문이요〔大明呪〕 _{대 명 주} 가장 높은 주문이요〔無上呪〕 _{무 상 주} 어떠한 것과도 견줄 수 없는 주문〔無等等呪〕" _{무 등 등 주} 이라고 격찬하였습니다.

그럼 '주呪'란 무엇인가?

범어본 반야심경에서는 주呪를 '만트라Mantra'로 기록하고 있습니다. 이는 '주'의 원어가 만트라이기 때문이며, 일반적으로 '주呪'라고 하면 우리가 알고 있는 진언眞言과 다라니陀羅尼가 모두 포함됩니다.

　인도의 만트라는 석가모니부처님께서 출현하시기 약 2
천 년 전에 만들어져서 종교의식 때 불리어졌던 『베다
Veda』의 신가神歌를 지칭하는 단어였습니다.

　이와 같은 만트라〔呪〕가 불교 교단에 유입된 것은 브라
흐만 계급 출신의 승려들에 의해서였으며, 유입 초기에
부처님께서는 주문을 외우는 것을 일체 금지시켰습니다.

　그러다가 극심한 치통이나 복통의 치유를 위해서만 주
문의 사용을 허락하셨으며, 이후의 원시불교와 부파불교
시대에도 주문을 외우거나 주술을 펼치는 것이 특별한
경우 외에는 원칙적으로 허용되지 않았습니다. 그러나 대
승불교시대에 이르러 다라니Dhāraṇī〔總持〕라는 이름으로
널리 유통되었으며, 이것이 여래의 진실한 말씀이라 하여
'진언眞言'이라고 부르게 된 것입니다.

　특히 밀교密敎에서는 다라니 속에 '모든 힘이 갖추어져
있고 좋은 것들이 모두 담겨있는 불가사의한 것〔總持〕'이
라 하여 크게 존중하였으며, 밀교승들은 다라니주를 외
우면 진리와 합일할 수 있다고 주장하면서 이를 외우는
수행을 적극 권장하였습니다.

　이제 반야심경에서 '마하반야바라밀다'를 대신주요 대

명주요 무상주요 무등등주라 한 까닭이 무엇인지를 한 단어씩 살펴봅시다.

대신주大神呪는 크게 신령스런 주문, 큰 신력神力이 있는 주문이라는 뜻입니다. 마하반야바라밀다, 곧 반야의 지혜가 일체의 장애를 없애주고, 그 지혜로 얻는 열매가 참으로 많기 때문에 대신주라고 한 것입니다.

대명주大明呪라 한 것은 반야의 지혜가 무명無明을 없애줄 뿐 아니라, 모든 것을 두루 비추어 있는 그대로를 살필 수 있게 하기 때문입니다.

무상주無上呪라 한 것은 마하반야바라밀다가 모든 말 중에서 가장 높은 말씀이요, 무상정등정각을 열어주기 때문입니다.

무등등주無等等呪는 마하반야바라밀다가 어떠한 차별도 없는 지극히 평등한 주문이기 때문에, 누구든지 이에 의지하면 부처님과 다를 바 없는 깨달음을 얻을 수 있다는 뜻을 담고 있습니다.

그럼 이 '대신·대명·무상·무등등'의 네 단어를 한 글자로 바꾸면 무엇이 될까요?

'심心'입니다. '마음 심心'입니다. 더 구체적으로 이야기하면 '마하반야바라밀다심'입니다.

마하반야바라밀다심! 이것이 바로 대신주요 대명주요 무상주요 무등등주입니다. 크나큰 신력神力을 갖춘 주문이요 지극히 밝은 주문이요 가장 높은 주문이며 비교할 필요가 없는 평등한 주문입니다.

실로 마하반야바라밀다심, 마하심·반야심·바라밀다심으로 돌아가 그 마음으로 살아보십시오. 반드시 큰 능력을 발휘합니다. 천년 동안 어둠에 잠겨 있던 동굴 속이 큰 조명등 하나로 일시에 환해지듯이, 어둠이 밝음으로 탈바꿈됩니다.

나아가 부처님께서 이 세상에 오셔서 설파하신 '천상천하유아독존天上天下唯我獨尊'의 '아我'를 회복하여 가장 높은 경지의 부처님이 될 수 있습니다.

그런데 어떻습니까? 이 마하반야바라밀다심이 힘 있는 사람에게만 있고 힘 없는 사람에게는 없는 것입니까? 잘 생긴 사람에게만 있고 못생긴 사람에게는 없는 것입니까? 이제는 잘 아실 것입니다. 누구에게나 다 있는 가장 평등한 본래의 마음이라는 것을….

그러므로 반야심경을 외우며 우리의 본래 마음인 마하반야바라밀다심을 회복해 가지고자 노력해야 합니다. 그래야만 우리의 마음이 대신주가 되고 대명주가 되고 무상주가 되고 무등등주가 될 수 있습니다.

그렇다면 우리의 '자아심自我心'을 마하반야바라밀다심으로 탈바꿈시키는 방법은 무엇일까요?

먼저 반야심경을 자꾸자꾸 읽거나 쓰면서 그 뜻을 '나'의 것으로 만들어야 합니다. 이 반야심경만 제대로 '나'의 것으로 만들면 대신·대명·무상·무등등의 결실을 이끌어낼 수 있습니다. 그래서 법회 때마다 반야심경만은 꼭 독송하고 있는 것입니다.

하지만 입으로만 반야심경을 외워서는 안 됩니다. 그 내용이 '나'의 것이 되어야 합니다. 입으로 "관자재보살 행심반야…"하며 외울 때 그 뜻이 내 마음속에서 '쫙' 흘러가고 있어야 합니다.

그 뜻을 이해하면서 거듭거듭 읽고, 막히는 구절에 대해 자꾸자꾸 사색을 하다 보면, 어느 날 문득 '나' 스스로의 힘이 커졌고 밝아져 있고 향상되어 있고 불법佛法 속에 있음을 느낄 수 있게 됩니다.

저도 그러했습니다. 반야심경을 처음 외운 중학교 3학년 때는 '색불이공 공불이색 색즉시공 공즉시색'이 무슨 뜻인지를 전혀 몰랐습니다. 풀이한 책을 보아도 도무지 알 수가 없었으며, 오히려 이상한 말장난처럼 느껴졌습니다.

그러나 반야심경을 독송할 때마다 그 뜻을 새기고 진정

한 의미가 무엇인가를 생각하였더니, 어느 날 '아! 이 말씀이었구나' 싶었습니다. 그 뒤 저의 삶은 평온하게 바뀌기 시작하였고, 지금도 이 가르침을 생활 속에서 많이 활용하고 있습니다.

결코 잊지 마십시오. 반야심경의 말씀이 '나'와 밀착이 되면 삶 자체가 바뀝니다. 반야심경의 뜻을 '나'의 것으로 만들며 독송을 하다 보면 차츰 마음에 걸림이 없어지고 두려움이 사라지며, 모든 것은 있어야 할 제자리를 찾고 '나'는 꿈속에서 깨어납니다.

거짓 자아가 만들어낸 두터운 풍선 껍질은 한 겹 한 겹 벗겨지고, 마침내는 자아의 풍선이 사라져 대법계와 '나'가 둘이 아닌 하나의 참되고 한결같은 마음[一眞如心], 곧 마하반야바라밀다심을 회복해 가지게 되는 것입니다.

이렇게 되면 반야심경도 '나'의 마음도 저절로 대신주·대명주·무상주·무등등주가 됩니다. 뜻으로 반야심경을 익히면 마침내 이러한 결실을 맺게 되는 것입니다.

하지만 뜻을 새기지 않고 입으로만 외워보십시오. 하루에 몇십번을 외워도 별 변화가 없습니다. 대명주大明呪가 아니라 어두운 무명주無明呪로 남고, 무상주無上呪가 아니라 덧없는 무상주無常呪가 될 뿐입니다. 그러므로 반야심경의 뜻을 꼭 '나'의 것으로 만들고자 애를 써야 합니다.

그런데 노력을 해도 반야심경의 내용을 '나'의 것으로 만들기가 어렵다면 어떻게 해야 하는가?

이때는 옛 어른들께서 권했던 것처럼, '마하반야바라밀' 하나만이라도 열심히 외울 것을 권해 봅니다. '나무아미타불'이나 '관세음보살'을 늘 염송하듯이….

일찍이 신라의 원효스님께서는 주呪의 뜻풀이와 함께 '마하반야바라밀'을 외울 것을 권했습니다.

"주呪란 '빈다'는 뜻이다. 신주神呪는 큰 위력을 가진 것으로, 신주를 외우면서 신께 빌면 복福이 오지 않음이 없고 화禍가 떠나지 않음이 없다.

이 '마하반야바라밀'도 그와 같아서, 상常·낙樂·아我·정淨의 네 가지 덕을 갖추었고 신력 또한 매우 크다. 그러므로 안으로 온갖 덕德을 갖출 수 있도록 만들고, 밖으로 모든 환患을 떠나게 한다.

만약 지극한 마음으로 '마하반야바라밀'을 외우면서 간절히 기도한다면, 불보살과 신인神人이 원하는 바를 다 이룰 수 있게 해주신다."
                                              – 금강삼매경론

원효스님께서 증명해주셨듯이, '마하반야바라밀'만을 외워도 그 영험은 참으로 큽니다. 그리고 영험이 커서인지, 옛부터 수행승이나 많은 재가불자들이 '마하반야바라밀'을 염불하듯 외웠습니다.

교 밖에서 따로 전함[教外別傳]을 주창하고 문자를 세우지 않았던[不立文字] 선종禪宗에서도 '마하반야바라밀'만은 즐겨 염송하였습니다. 특히 중국 선종의 제6조인 혜능대사慧能大師께서 '마하반야바라밀'의 뜻을 자상하게 풀이해 주고, '마하반야바라밀'의 뜻에 따라 살 것을 일깨워 주신 다음부터는 많은 불자들이 이를 널리 실천하게 되었습니다.

그리고 『신주경神呪經』·『수생경壽生經』·『몽수경』 등 인간의 안락을 비는 수많은 공덕경功德經들도 경전의 끝을 '마하반야바라밀'로 마무리하고 있습니다.

왜 불립문자의 선종이나 여러 공덕경에서 '마하반야바라밀'을 염송토록 한 것일까요?

첫째, '마하반야바라밀'이라는 음 자체에 공덕이 깃들어 있기 때문입니다.

범어 '마하반야바라밀'이 한문으로 번역되지 않는 것은 아닙니다. '대혜도大慧度' 또는 '대지도大智度'로 번역하기도 합니다. 그러나 경전의 본문에서는 계속 범어인 '마하반야바라밀'을 고집합니다.

그 까닭이 무엇이겠습니까? 그 음 자체의 공덕 때문이

었습니다. 그리고 마치 '나무아미타불'을 염불할 때 생기는 것과 같은 공덕이 '마하반야바라밀'을 외워도 생겨나기 때문이라는 것입니다.

그 공덕은 번뇌를 잠재우는 데서부터, 용기를 불러일으키고 소원을 성취하며, 영가를 천도하는 데까지 두루 미치고 있습니다.

이러한 까닭으로 옛날만이 아니라 지금도 '마하반야바라밀'을 매우 많은 불자들이 염송하고 있습니다.

둘째, '마하반야바라밀'의 염송을 통하여 본래의 마음을 깨닫도록 하기 위함입니다.

입으로 '마하반야바라밀'을 소리 내어 외우며 속으로 새겨보십시오.

"마하심은 반야요 바라밀이다."

"내가 바로 마하요 반야요 바라밀이다."

"마하심을 반야(집중)하면 바라밀(대행복)이다."

이렇게 말과 뜻을 함께 기울여 염송을 하게 되면, 반야심경 경문의 말씀 그대로 '**능히 일체의 괴로움을 없애고** 〔能除一切苦〕', 차츰 스스로가 만들어낸 자아의 풍선을 터뜨려, 자유롭고 평온하고 행복한 삶을 누릴 수 있게 됩니다.

또한 이렇게 염송을 하면 반야심경은 물론이요 '마하
반야바라밀'이 저절로 대신주·대명주·무상주·무등등주
노릇을 하게 되는 것입니다.

다시 한번 상기하십시오. 마하반야바라밀다심 중에서
'마하심'이 무엇입니까? 거짓 자아를 비워버린 공한 마음
입니다.

거짓 자아가 본래 없다는 것을 알고 차츰차츰 자존심·
이기심 등을 비워 가면 그만큼 반야지혜가 샘솟고, 그만
큼 바라밀이 현실로 다가오게 됩니다. 바로 이것을 깨우
치는 것이 '능제일체고能除一切苦'의 반야심경이라는 것을
잊지 말기를 당부드립니다.

진실불허眞實不虛

이제 반야심경은 '진실불허眞實不虛'라는 말로 끝을 맺
고 있습니다. '진실하여 헛되지 않다'·'진실로 헛되지
않다'로 번역되는 이 말씀은 반야심경이 우리에게 던지는
마지막 화두話頭입니다.

반야심경의 가르침이 정녕 진실하고 헛된 것이 아니라는 것을 천명한 진실불허! 하지만 우리는 이러한 뜻에서 한 걸음 더 나아가야 합니다. 곧 진실불허한 삶을 이루어야 합니다.

그럼 진실불허한 삶은 어떠한 삶인가?

'속아 살지 않는 삶'입니다.

우리는 더 이상 속아 살아서는 안 됩니다. 그리고 '더 이상은 속아 살지 않겠다'는 결심을 부처님과 '나' 자신에게 바쳐야 합니다. 진실되게 살 뿐, 속아서 헛되이 살지 않겠다는 결심을 바쳐야 합니다. 진실불허하게 사는 것이야말로 참으로 인간답게 사는 법이요 불자의 길이기 때문입니다.

그런데 잘 생각을 해보십시오. 누가 '나'를 속입니까? 누가 '나'를 진실되지 못하게 합니까? 누가 '나'를 헛되이 살도록 만듭니까?

엄밀히 따지면 남이 아닙니다. 남이 '나'를 속이고 헛되게 만드는 것이 아닙니다. 내가 '나'를 속여 헛되게 만들 뿐입니다. '나'의 눈·귀·코·혀·몸·생각이 '나'를 속인 것입니다. 집착하고 욕심에 사로잡힌 생각이 감각기관을 통하여 색色을 쫓고 소리·향기·맛·감촉을 쫓아가다가 스스로를 헛되게 만든 것 뿐입니다.

'더 이상은 속아 살지 않겠다'·'진실되게 살겠다'·'헛되이 살지 않겠다'는 생각, '내가 나를 속이지 않겠다'·'진실을 체험하며 살겠다'는 생각만 또렷이 있으면 당당하고 멋진 삶의 길이 열리기 마련입니다. 행복이 찾아들기 마련입니다.

이제 부처님 전에 향 한 자루를 꽂고 분명히 대화를 하십시오.

"부처님! 내가 나를 속이고 내가 나에게 속지 않는 사람이 되겠습니다. 스스로의 진실을 체험하며 헛되지 않게 살겠습니다."

이 무언의 간절한 대화를 나누는 것이야말로 인간답고 불자답게 사는 삶의 초석이 됩니다.

진실불허眞實不虛! 우리가 부처님 전에 서고 반야심경을 외우는 그 시간은 진실불허의 자세를 갖추고 주인공이 되는 시간입니다. 진실할 뿐, 헛되지 않은 삶의 자세를 갖추는 시간입니다.

부처님과 관세음보살님께서 왜 반야심경을 설하셨습니까? 진실불허임을 깨우쳐 주기 위함이셨습니다. 누구든지 다 간직하고 있는 진실불허! 이것을 일깨워 주기 위해

반야심경을 설하신 것이며, 45년을 하루같이 설법을 하신 것입니다.

실로 부처님께서는 '진실로 헛되지 않은 것'을 찾을 것을 늘 설파하셨습니다. 왜 이렇게 하셨습니까? **도일체고 액度一切苦厄!** 우리를 괴로움이나 불행으로부터 해탈시키기 위해서였습니다. 따라서 우리가 부처님의 가르침을 통하여 진실불허의 삶을 이루게 되면, 그 시작부터 어떠한 불행도 괴로움도 찾아오지 않습니다. 아니, 괴로움이 찾아들 수가 없습니다.

"괴롭다. 불행하다."

왜 괴롭고 불행합니까? 마음대로 안 되니 괴롭고 불행한 것입니다.

마음대로 안 된다? 과연 무엇 때문에 마음대로 안 되는 것입니까? '나' 때문입니다. 스스로가 만들어낸 자아自我 때문입니다.

원래가 무아임을 깨닫지 못하여[我癡] 나만을 중히 여기고[我愛] 나의 교만[我慢]과 고집[我見] 속에 갇혀 살기 때문입니다. 풍선과 같은 자아 속에 갇혀 괴로움과 불행의 씨를 뿌렸기 때문입니다. 따라서 뿌린 대로 거둘 수 밖에 없는… 것입니다.

이제 반야심경의 가르침을 따라 스스로가 만들어낸 자

아의 풍선을 터뜨려보십시오. **오온개공五蘊皆空**임을 관찰하고 **색즉시공 공즉시색色卽是空 空卽是色**의 도리를 깨달아 거짓 자아를 온전히 비워보십시오. 괴로움이 결코 괴롭기만 한 것이 아님을 깨닫게 되고, 괴롭던 것들이 갑자기 많이 줄어들었다는 것을 느낄 수 있게 됩니다.

진실로 청하건대, 이제부터 스스로의 **진실만이라도 무시하지 않는 삶**을 살아보십시오. 진실을 진실로 받아들이고 다가온 현실을 있는 그대로 받아들일 때 우리는 진실의 씨를 뿌려 행복의 결실을 거둘 수 있습니다.

모름지기 삶의 자세를 **진실불허**에 두십시오. 진실불허를 '나'의 근본으로 삼아 부처님을 가까이 하십시오.

진실불허는 최상의 재산입니다. 진실불허 속에는 필요한 행복이 다 갖추어져 있습니다.

따라서 진실불허한 삶을 살겠다는 강한 원을 가지게 되면 아예 불행과 괴로움이 범접을 하지 못합니다.

반대로 자아의 이기심에 비추어 헛된 것에 집착하고 탐욕과 성냄과 어리석음에 빠지게 되면 '나'의 본심인 진실불허를 저버려, 원망과 한탄과 회의와 괴로움 속에 갇히게 됩니다.

실로 우리는 우리가 받고 있는 괴로움의 원인이 무엇인

지를 생각해봐야 합니다.

'왜 나는 이토록 가난한가? 남들은 다 잘 사는데…. 아, 억울하다.'

이렇게 한탄하면서 가난의 괴로움에 빠지지 말고, 그 원인이 어디에서 비롯되었는지를 살펴보고, 그 원인과 현실을 긍정할 줄 알아야 합니다.

한탄이 아니라 긍정을 할 때 진실불허한 본심으로 돌아가 평안해질 수 있으며, 평안해져야 복을 불러들여 부유해질 수 있고 능히 베푸는 사람이 될 수 있습니다.

법우들이여, 부디 진실불허를 잊지 마십시오. 그리고 진실불허로 중심을 잡아 원을 세우고, 진실불허를 닦도록 노력하십시오. 독경·사경·주력·염불·절·참선·참회·봉사 등의 수행법 중에서 한 가지라도 택하여 부지런히 정진하십시오. 정진을 하여야 스스로의 진실을 체험하며 사는 삶을 느낄 수 있고 이룰 수 있습니다.

지금이 기회입니다. 이 자리가 출발점입니다. 이제는 괴롭고 불쌍한 인생살이에서 벗어나야 합니다. **능제일체고能除一切苦**를 하여야 합니다. 지금 정진을 하면 진실불허의 힘이 자라나고, 그 힘이 있어야 '나'뿐만 아니라 주위의 모든 이들을 마하반야바라밀의 세계로 나아가게 할 수 있습니다.

꼭 명심하십시오. 우리 속에는 진실불허한 부처님이 계십니다. 마하반야바라밀다심이 있습니다. 이 진실불허한 부처님과 함께 살도록 하십시오. 이것이 우리에게 던지는 반야심경의 마지막 화두입니다.

아제아제 바라아제

이제 제가 할 말은 다 했습니다. 마지막으로 반야심경에서 설한 **주呪**〔眞言〕를 범어 원문과 함께 간략히 풀이해 봅니다. 원래 진언은 풀이하는 것이 아니지만, 옛 주석가들께서 이 주문만은 거의 풀이하였으며, 그 풀이는 크게 두 가지 유형으로 나누어집니다.

(한글)	· 아제 아제	바라 아제	바라 승아제
(한문)	· 揭諦 揭諦	波羅 揭諦	波羅 僧揭諦
(범어)	· gate gate	pāra - gate	pāra - saṁgate
(번역)	① 가세 가세	파라로 가세	파라로 완전히 가세
	② 갔을 때 갔을 때	파라로 갔을 때	파라로 완전히 갔을 때

(한글)	모지	사바하
(한문)	菩提	娑婆訶
(범어)	bodhi	svāhā

(번역) ① 깨달음이 완성되도다

② 깨달음이 성취되도다

여기에서의 '바라波羅pāra'는 바라밀다입니다.
자, 이제 힘차게 외쳐보십시오.

"가세 가세, 바라밀다의 세계로 가세. 바라밀다의 세계
로 완전히 가세. 깨달음이 성취된 그 자리로!"

정녕 우리가 가야 할 바라밀다의 자리는 어디입니까?
그 자리는 바로, 마음이 곧 부처인 즉심즉불卽心卽佛의 자
리, 마하반야바라밀다심의 자리입니다.

끝까지 글을 읽어주신 분들께 깊이 감사드리며, 모든
선우善友들께서 다 마하반야바라밀다심을 회복하여, 대
법계의 영원생명과 무한행복과 대평화를 누리옵기를 간
절히 축원드리옵니다.
나무마하반야바라밀 나무마하반야바라밀……

알기 쉬운 경전 해설서

❀

생활 속의 천수경 / 김현준 　　　　　　　　신국판 240쪽 9,000원
천수관음이 출현하신 까닭, 천수관음을 청하는 법과 가피를 얻는 법, 신묘장구대
다라니의 풀이와 공덕, 찬탄의 공덕과 참회성취의 비결, 준제기도 및 주요 진언 속
에 깃든 의미, 여래십대발원문 사홍서원 삼귀의 의미 등을 상세히 풀이하였습니다.

생활 속의 금강경 / 우룡스님 　　　　　　　　신국판 304쪽 10,000원
금강경의 심오한 내용을 알기 쉽게 풀이하고 일상생활과 접목시켜 강설함으로써
삶의 현장에서 금강경의 가르침을 능히 응용할 수 있도록 하였고, 감동을 주는 일
화들을 많이 삽입하여 재미를 더해주고 있습니다.

생활 속의 관음경 / 우룡스님 　　　　　　　　신국판 240쪽 9,000원
관세음보살보문품인 관음경을 통하여 관세음보살의 본질, 일심칭명과 재난 소멸
법, 공경예배와 소원 성취법, 관세음보살을 관하는 법 등에 대해 여러 가지 영험담
과 함께 감동적으로 풀이하고 있습니다.

생활 속의 보왕삼매론 (전면개정판) / 김현준　신국판 240쪽 9,000원
『보왕삼매론』을 해설한 이 책은 병고 해탈, 고난 퇴치, 마음공부와 마장 극복, 일
의 성취, 참사랑의 원리, 인연 다스리기, 공덕 쌓는 법, 이익과 부귀, 억울함의 승화
등 누구나 인생살이에서 겪게 되는 장애들을 속 시원하게 뚫어주고 있습니다.

화엄경 약찬게 풀이 / 김현준 　　　　　　　　신국판 216쪽 8,000원
불자들이 자주 독송하는 화엄경약찬게! 화엄경약찬게를 그냥 읽으면 참으로 어렵
고 무슨 내용인지 알 수 없지만 이 풀이를 본 다음에 읽으면 약찬게를 명확히 파악
할 수 있게 될 뿐 아니라 화엄경의 내용까지 꿰뚫어 환희심이 샘솟고 대화엄의 세
계에서 노닐 수 있게 됩니다. 화엄경 약찬게 사경도 있습니다.

광명진언 기도법 / 일타스님·김현준 　　　　　신국판 176쪽 6,000원
광명진언 기도를 널리 펴고자 일타스님과 김현준 원장이 함께 저술한 책. 광명진언
속에 새겨진 참의미와 바른 기도법, 빠른 기도성취법 등을 자상하게 설하고, 유형별
기도성취 영험담을 다양하게 수록하였으며, 누구나 보기 쉽도록 큰활자로 발간하였
습니다. 광명진언을 외우면 행복과 평화, 영가천도, 소원성취를 이룰 수 있습니다.

신묘장구대다라니 기도법 / 우룡스님·김현준　신국판 208쪽 7,000원
신묘장구대다라니를 외우면 생겨나는 가피와 공덕, 기도의 방법과 주의할 점, 우
룡스님이 들려주는 14편의 영험담, 대다라니의 근본경전인 『무애대비심다라니경』
을 수록하고 있는 이 책을 읽고 자신있게 기도하면 심중소원의 성취와 기적같은
체험도 할 수 있습니다.

법보시를 원하시는 분은 출판사로 연락 주십시오. 할인혜택을 드립니다.
전화 02-587-6612, 582-6612 　　팩스 02-586-9078